GLOBAL BRAND
IMAGE STRATEGY

グローバル・
ブランド・
イメージ戦略

異なる文化圏ごとに
マーケティングの最適化を探る

古川裕康 著
Hiroyasu Furukawa

東京 白桃書房 神田

はじめに

「良い製品を作ればどのような国や地域でも受け入れられ，世界で活躍できる企業になれる」というのは間違いである。いくら良い製品を作ったとしても，それを知ってもらわなければ始まらない。ただし，たとえ良い製品を作り，それをお客様に知ってもらえたとしても，それだけでは不十分である。マーケティング活動により，販売するモノに付加価値を封入しなければならない。そうすると，最終的にお客様へ提供する付加価値を基に，製品や伝え方も工夫する必要が出てくることも多くなってくる。マーケティングとは「誰に・何を・どのように販売するか」である。製品を作る「技術ありき」の発想ではなく，企業の理念や哲学と市場ニーズとのマッチングを確認した上で，誰に・何を・どのように販売するかを決定してからものづくりをはじめる必要があるのだ。

ここで，「マーケティング活動」と総称してしまっているが具体的にはどのようなマーケティングの考え方があるのだろうか。本書の特徴は第1に，世界中の文献を整理しグローバル・ブランド・イメージ戦略の観点からマーケティングの方針を7つに整理していることである。そして第2に，それらのマーケティングがどのような国や地域で受け入れられやすいのかを定量的に検証していることである。そもそもグローバル・ブランド・イメージ戦略とは何か，そしてそれはマーケティングとどのような関係にあるのか，整理した7つとは具体的にどのような内容なのかについては各章の中で順を追って説明する。

本書は5章により構成されており，大きく理論編と実証編の2つに分かれている。時間が無く結果だけを知りたい方には3章を読み飛ばしてもらっても構わない（3章第1節の末に検証で用いる仮説をまとめてあるので適宜参照のこと）。また4章以降において7つの方策を考慮した検証結果を示しているが，ここも興味のある個所のみかいつまんで読んでも良い。マーケティングは経営者の考え方，企業の目指す理念や哲学，産業の置かれている状況，

そして市場のニーズを踏まえて決定される。本書の内容が，このような流れの中においてマーケティング選択指針の一助となれば幸いである。また研究の成果が，既存のマーケティング研究・ブランド研究発展の更なる推進力となることを願っている。

―謝辞―

　本書は，筆者による博士論文を基に構成されている。博士論文は様々な研究課題を１つにまとめたものであるが，各研究課題が論文に至るまでの学会報告にて，また論文の査読時に多くの先生方から有益な御意見・御指摘を頂いた。またデータの収集に際しては豪州のUniversity of South Australiaに御協力頂いた。特に恩師である大石芳裕先生に熱心にご指導頂いたことに対し，ここに深く感謝の意を表するものである。

　最後に，いつも私を支えてくれている妻の洋子に愛をこめて。

2016年9月

古川裕康

目次

はじめに i

●序章 海外進出企業の課題 1
●1章 「良いモノを作れば売れる」は間違い 7
 I. 日本における製造業の傾向 9
 II. 海外市場での障害 12

第1部 理論編

●2章 GBI研究と戦略要素 18
第1節 GBI研究 18
 I. ブランド・コンセプト選択 20
 II. ブランド・イメージ訴求ポイントの選択 23
 III. Roth研究の意義と限界 29
第2節 GBI戦略の7要素 32
 I. 消費価値研究 32
 II. GBI戦略の7要素 36
 III. まとめ 44

●3章 文化とGBI戦略 50
第1節 文化研究の変遷と仮説 50

iii

I. 文化研究の変遷 ……………………………………………………… 50
　　　II. 各文化圏におけるGBI戦略 ………………………………………… 55
　　第2節　戦略の測定と分析枠組み …………………………………………… 69
　　　I. ブランド・コンセプト ……………………………………………… 70
　　　II. GBI戦略の測定 ……………………………………………………… 75
　　　III. 分析枠組み ………………………………………………………… 82

第2部　実証編

● 4章　機能的訴求の有効性 ……………………………………………… 92

　　第1節　価格訴求 ……………………………………………………………… 92
　　　I. 価格訴求の位置づけ ………………………………………………… 93
　　　II. Costco ………………………………………………………………… 94
　　　III. 結果と解釈 ………………………………………………………… 96
　　第2節　品質訴求 …………………………………………………………… 104
　　　I. 品質訴求の位置づけ ……………………………………………… 105
　　　II. Canon ………………………………………………………………… 107
　　　III. 結果と解釈 ………………………………………………………… 109
　　第3節　多様性・新規性訴求 ……………………………………………… 117
　　　I. 多様性・新規性訴求の位置づけ ………………………………… 118
　　　II. 3M …………………………………………………………………… 120
　　　III. 結果と解釈 ………………………………………………………… 122

● 5章　観念的訴求の有効性 …………………………………………… 129

　　第1節　集団訴求 …………………………………………………………… 129
　　　I. 集団訴求の位置づけ ……………………………………………… 130
　　　II. Coca-Cola Company ………………………………………………… 130

Ⅲ. 結果と解釈 ··· 132
　第2節　ステータス訴求 ··· 136
　　　Ⅰ. ステータス訴求の位置づけ ··· 137
　　　Ⅱ. Rolex ·· 139
　　　Ⅲ. 結果と解釈 ··· 141
　第3節　感情訴求 ·· 149
　　　Ⅰ. 感情訴求の位置づけ ·· 150
　　　Ⅱ. The Ritz-Carlton ·· 152
　　　Ⅲ. 結果と解釈 ··· 154
　第4節　社会貢献訴求 ·· 160
　　　Ⅰ. 社会貢献訴求の位置づけ ··· 160
　　　Ⅱ. Volvic ··· 162
　　　Ⅲ. 結果と解釈 ··· 163

●終章　グローバル・マーケティングへの指針 ·························· 168
　　　Ⅰ. 意義 ·· 168
　　　Ⅱ. 課題 ·· 172

● 参考文献 ··· 174
● 参考資料 ··· 185

序章
海外進出企業の課題

　本書の目的は，どのような文化圏にどのようなブランドのイメージを展開したら最も効果的かを明らかにし，グローバル・マーケティングへの指針を提示することである。本書ではグローバル（国際的）に企業がブランド・イメージを意図的に展開することをGBI（Global Brand Image）戦略と呼んでいる。GBI戦略とはブランド・アイデンティティを消費者に対して国際的に訴求する戦略のことである。企業はGBI戦略を通して，消費者の頭の中に好ましいブランド・イメージを形成する。ブランドは，マーケティングによって構築される企業の資産である。この「カタチの無い企業の資産」は，消費者の頭の中に存在するという性質を持つ。マーケティングにより，企業は消費者に対して様々な価値を提供していく。その過程で，消費者の頭の中にブランドに対するイメージが醸成され，ブランドという企業の資産が構築されていくのである。GBI戦略は，グローバル・マーケティングによって構成される企業戦略である。グローバル・マーケティングとは国際マーケティングの一形態であるが，どのような概念であるのかを明らかにしておく。

　国際マーケティングは1950年代に，企業による輸出販売が活発化したことで誕生した。はじめは輸出マーケティングとして国境を超えた企業が母国市場と展開先市場の2国間でどのように製品・価格・チャネル・広告等をマネジメントするかという点に焦点があてられた。その後，1960年代から1970年代にかけて，2国間以上の国々においてどのようにマーケティングをマネジメントするかといった点に議論が拡張していった。ここでは海外市場を販売拠点としてだけではなく，生産拠点としても捉えるようになった。そして欧

州における市場の同質化(どこの国の消費者も同じような商品を求める傾向)が認識され,その点が議論されることとなる。基本的に西欧諸国における市場同質化の議論は,1980年代に入ってから全世界を対象としたものに変わった。

　Levitt(1983)は全世界で市場の同質化が急速に進展すると主張し,世界で画一的なマーケティングを実施する「標準化アプローチ(以後,標準化と略記)」の重要性を指摘した。企業は標準化を採用することで,規模の経済を達成し,商品を低コストで効率的に全世界へ展開することが可能となる。Levitt(1983)による主張の背景には,人々の享受する様々な技術の変化がある。人やモノを全世界で迅速に輸送する技術や通信の技術が発展し大衆化することで,世界中の人々が様々な国の先進的な商品や流行に関する知識を獲得する。人々がより良い商品や先進的な流行を追い求める結果,世界の市場が同質化していくという論理である。

　しかし世界規模での市場同質化は現実的な現象として捉えることができるのだろうか。Kotler(1986)やDouglas and Wind(1987)は各国や各地域市場の異質性が常に存在することを主張し,完全な世界標準化が達成されることはないとしている。例えばKotler(1986)は異質性として,製品・消費者・環境といった点を提示している。ここでは,各国で必要とされる商品機能の違い(製品),消費者行動の違い(消費者),政府の規制(環境),気候(環境),競争状況(環境)といった点が挙げられている。このような異質性が存在する以上,企業は各国・各地域市場に適合化したマーケティングを実施することが求められる。そしてこれらの議論を踏まえ,Takeuchi and Porter(1986)や大石(1996)は標準化と適合化を同時達成する必要性を指摘している。そして大石(1996)はこの同時達成を複合化と呼んでいる。

　たしかにLevitt(1983)が提示したような技術の進展や大衆化は現実に起こっている現象である。Levitt(1983)の主張から約30年を経て,いまやBOP(Base of the Pyramid)と呼ばれる低所得者層をターゲットにした航空会社(LCC[Low Cost Carrier])までもが登場し,多くの人が様々な国や地域に移動可能な時代となっている。また迅速で低コストの商品流通が可能になることで,世界の各地で企画,生産,そして販売までを一括して担うGSCM(Global

Supply Chain Management)を展開する企業が登場してきた。コミュニケーション技術の発展に関しては，国際電話であっても低コストもしくは無料で利用できるIP（Internet Protocol）電話やYouTubeといった世界規模の動画閲覧サイトが登場してきた。消費者はいまや低コストで世界を移動し，海外で販売されている商品を購買し，世界の情報を獲得し，さらには世界へ情報発信まで容易に行うことができる時代である。それにも関わらず，いまだにLevitt（1983）の主張するような「ボーダレスな市場同質化」が完全に進展しているとは考えにくい。むしろ人々は世界を認識することで，外国人との「違い」をより深く認識しているのではないかとさえ考えられる。Ghemawat（2007）は未だに国の異質性が「文化的」，「制度的」，「地理的」，「経済的」に明確に残っていることを指摘し，それらを深く考慮したマーケティングを実施する必要性を主張している。ただし彼は市場間の異質性だけに捉えられるのではなく，それと同時に市場間の共通性を発見することで規模の経済を達成する必要があることを明示している。

　ここまで国際マーケティングの概念が近年どのように変化してきたかを説明してきた。この中でグローバル・マーケティングの立場を明確にするならば，国際マーケティングの現代的形態ということができる。グローバル・マーケティングは，単に世界で画一的に展開されるマーケティングではない。母国市場も含めた進出市場すべてにおける共通性を発見して規模の経済を達成しながらも，同時に市場間の異質性を考慮して展開されるマーケティングである。標準化と適合化をミックスした複合化によって展開されるマーケティングのことを示す。

　この考え方は，グローバル・マーケティングによって構成されるGBI戦略であっても同様である。つまりGBI戦略は決して世界で画一的に展開されるブランド・イメージ戦略ではないのである。GBI戦略の概念図を示したものが図表序-1である。例えばブランドは，「高品質」で「ステータス性があり」，かつ「社会へ貢献している」といった様に，複数のブランド・コンセプトをミックスしてGBI戦略を展開している。仮にこのブランドがA，B，Cの3か国で展開しているとしよう。世界共通で強調して展開するのは高品質といった側面で，より自然環境保護志向の強いB国とC国では，社会貢献といった

図表序-1　GBI戦略の概念図（ブランドαのGBI戦略を例示してある）

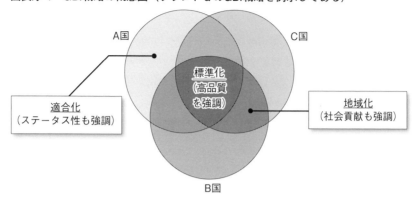

注1：A，B，C国の全市場において高品質で，ステータス性があり，社会へ貢献しているといったGBI戦略を採用していると仮定。
注2：全世界で特に高品質を強調する点は変わらないが，国や地域の状況に応じてその他の点を部分的に変化させる。
注3：GBI戦略はグローバル・マーケティングによって具現化される。
出所：筆者作成。

側面も強調する。また先進国であるA国ではよりステータス性といった側面を強調するなどといったように，世界共通で重点的に訴求するブランド・イメージを軸足としながらも，国によって重みづけするブランド・イメージを部分的に変化させているのである。

本書では，このような特性を持つGBI戦略の各文化圏における効果を検討する。この検討によって，企業は母国市場を含む展開国で，どのような点を標準化しどのような点を適合化してGBI戦略を展開していけば良いのかを認識し考えることができるようになる。本書には，GBI戦略を具現化するグローバル・マーケティングに指針を示すという使命が与えられている。誤解を恐れずいえば，マーケティングはブランドを構築するための考え方である。どのようなブランドを構築したいか（するべきか）という目的を設定すれば，どのようなマーケティングを展開すれば良いかが自ずと決定されるのだ。

さらに本書の内容を活かすことによって，企業は自社が今後展開を考えている国や地域がある場合，どのような文化の国や地域に展開すれば現在のシナジーを生かせるのかを考慮することも可能となる。企業にとって魅力的な

市場であれば海外直接投資が誘引される一因となる。このような観点からも，企業が展開している国や地域とシナジーを生み出せるような文化圏が本書により明らかになれば，今後どのような国や地域に進出すべきかといった企業の意思決定にも貢献することができる。

本書ではまず，研究の背景として日本企業（特にその中でも製造業）が抱える問題点について検討している。日本企業は海外へのブランド展開をうまく実施できていない。日本企業は「良い製品」を作ることに注力するあまり，マーケティングが不足し，品質を超えた価値を世界でうまく展開できていないのである。続く１章では，この点についてデータを踏まえながら詳細に検討していく。

２章では，品質を超えた価値とは何か，そしてどのような国々にそれらを訴求していけば良いのかといった点を既存のGBI戦略研究から検討している。そのうえで，既存研究では説明しきれない現代の多様化したGBI戦略を理論的に７つに分類した。分類には既存のブランド研究だけでなく，Sheth et al.（1991a, 1991b）をはじめとした消費価値研究を基盤として用いている。抽出したGBI戦略は価格訴求，品質訴求，多様性・新規性訴求，集団訴求，ステータス訴求，感情訴求，社会貢献訴求要素である。これにより企業の採用可能なGBI戦略を具体的に明らかにしている。

３章では，２章で分類した７つのGBI戦略と各文化特性の関係について，理論的に検討している。文化特性にはHofstede et al.（2010）の国民文化概念を用いた。Hofstede et al.（2010）の国民文化概念は，1980年に発表されて以来，様々な批判や追試が実施され，未熟な点は改良され，説明しきれない点については拡張されてきた。当初，組織の文化を対象として研究されてきた国民文化は，概念の発展・拡張段階において組織文化以外の要素を取り込むことで，消費者の国際比較研究等にも用いられるようになってきている。以上より，彼らの提示する国民文化概念は現代的有用性の高いものと考えられる。３章ではさらに，GBI戦略の定量化に取り組み，分析枠組みを提示している。本書ではGBI戦略を定量化するために，Web上に存在するテキストデータを利用した。

４章ならびに５章では，各国民文化圏におけるGBI戦略の有効性を，交互

作用項を考慮した重回帰分析といった手法により，それぞれ1つずつ検証している。独立変数は各GBI戦略，従属変数は各国市場のブランド別マーケットシェアである。検証の結果，GBI戦略の有効性は，展開する国民文化圏により異なるということが明らかになった。これを踏まえ，最後に本書のまとめ，意義，課題とともに，学術的・実務的なインプリケーションを示した。本書は既存の研究では説明しきれなかったGBI戦略を説明可能な形に拡張し，各国民文化圏における有効性を検証することで，GBI戦略と国民文化特性の関連性を明らかにするものである。またこれらの検証結果から，どのような国民文化圏にどのようなGBI戦略を展開すれば良いのかを示唆することで，グローバル・マーケティングへの指針を提供するものである。

〈注〉

1 GBI戦略に関する詳細な定義は後述する。
2 詳細はElinder（1961, 1965）を参照。
3 Kotler（1986）p.15.
4 例えばAir Asiaは，"Now Everyone Can Fly"をモットーにして，アジアのBOP層をターゲットにした展開を実施している。
5 大石（1993）25頁。
6 市場間の異質性を重要視するマーケティングを「国際マーケティング」とする見方も存在する。詳しくは諸上（2012）を参照されたい。
7 ブランド・コンセプトの詳細に関しては後述する。
8 Dunning（1977, 1979）を参照。

1章
「良いモノを作れば売れる」は間違い

　いまやどのような企業にとっても，海外市場への展開が必須の時代になっている。どの産業も国内市場が飽和し，高い成長率を望めない状態である。そして海外進出をためらえば，競合他社は高い成長率の望める海外市場への展開によって強い資本力を身に付け高いノウハウを獲得することで，将来国内市場をも席巻してしまう恐れがある。だからといって国際展開は容易ではない。それは国際展開に伴い，自国内には存在しなかった多様な消費者が出現するからだ。そのために企業は，進出先国の消費者をこれまで以上に意識した経営戦略を考慮する必要がある。例えば経済新興国では，消費者は必ずしも製品の高品質・高機能を必要としておらず，「品質」や「機能」を削ぎ落としてでも彼らの所得に見合った価格の製品やサービスを志向するかもしれない。また経済先進国では，高品質・高機能はもはや当然のことと捉えられており，それ以上の価値を消費者は求めている。特に日本の製造業は，製品の高品質・高機能に重点を置く傾向があり，世界各国の多様な消費者ニーズに的確に対応できていないという問題を抱えている。ここではまず，先行研究から日本の製造業が抱える問題を明らかにし，この問題の前提となっている日本製造業の傾向をデータから明らかにする。

　中国やインドをはじめとした巨大な新興国市場の潜在性が明らかになるとともに，先進国の企業はそれらの市場へ展開してきた。彼らの多くは，はじめに新興国市場における高所得者層を対象としてビジネスを行ってきた。しかし現在は次第にターゲット層を下方に拡大してきている。日本発製造業の高品質・高機能依存といった問題は，日本企業が新興国市場における中間所

得者層を開拓するにつれ浮き彫りになってきた。新宅（2009）は，日本企業の抱えるこの問題を「製品の過剰品質問題」として取り上げ，詳細を次の3つにまとめている。問題の1つ目は，高品質を追い求めるあまりに製品の価格が高すぎること。2つ目は，消費者が求める以上の品質・機能を備えた製品を提供しているため，現地の消費者に製品の良さが理解されないこと。3つ目は，現地のニーズと製品の仕様がずれていることである。そのうえで彼は，品質を取捨選択し価格を適正化することの重要性を示し，適正価格，適正品質の製品を現地の消費者へ提供すべきであるとしている。先進国の企業が新興国市場で展開するにあたり，現地における消費者の所得にあった価格設定を行うことは大変重要である。ただし単に品質を切り落とし，価格を抑えた製品展開を行えば，現地市場で競合他社との不毛な価格競争に陥ってしまう恐れもある。そのため企業は「価格」と「品質」という2つの側面だけではなく，より多くの側面を考慮してターゲット層へ商品を展開していく必要がある。しかし日本における製造業の高品質・高機能依存は，このような展開を妨げるものとなっている。

　Ghemawat（2010）は，先進国の企業は新興国市場で展開する上で，母国市場の消費者と現地市場の消費者がどのように，そしてどれほど異なるのかを再確認すべきであるとしている。そのうえで，現地市場における消費者の価格感応度だけでなく，現地消費者の嗜好も考慮しなければならないとしている。先進国の企業は，低価格だけでなく，現地消費者のニーズに沿った様々な価値を詰め込んだ「商品」を提供する必要があるのだ。そしてその価値とは，必ずしも高い品質や機能性だとは限らない。Douglas and Craig（2011）は，先進国の企業は新興国市場で更なる展開をするために，グローバル・マーケティングの方策を考え直さなければならないとしている。また国によって，価格感応度はもちろんのこと，消費者の興味や関心，感覚，購買パターンが異なることを前提とし，グローバル・マーケティングを通して適切な価値を現地の消費者へ提供していく必要があると主張している。日本の高い技術力に伴う製品の高品質・高機能は，企業の国際競争に際し重要な要素である。しかしそれだけに偏りすぎると柔軟性を失い，国際展開に障害をもたらしかねない。「良い製品を作れば世界各地でも売れる」とは限らないのだ。次

節では，上述した議論の前提となっている日本における製造業の傾向を，企業の研究開発費・広告費といった指標を用いて明らかにする。

I. 日本における製造業の傾向

　研究開発費と広告費といった2つの指標は，多国籍企業の特徴を示す指標として用いられてきた[6]。これらの指標を用いることで，多国籍企業がどのような点で差別化を図っているかを確認することができる。研究開発費への投資は「製品」での差別化意識を示しており，広告費への投資は「商品」での差別化意識を示している[7]。「製品」とは，品質や物理的な機能，スペックなどをもつ実際の品物である。「商品」とは，「製品」を含む概念であり，品質や機能だけでなく，目に見えない様々な価値を持つものである。多国籍企業の研究開発費が広告費より高いほど，製品の品質や機能に重点を置いた差別化を行う傾向がある。一方で，広告費が研究開発費より高いほど，製品の品質や機能を越えた価値で差別化を行っている事がわかる。なお研究開発費と広告費の値は，産業によって大きく異なることを予め断っておく。

　以上を踏まえ，日本における製造業の傾向を分析するため，該当する企業の研究開発費，広告費データを用いて検証を実施した。サンプルはInterbrand社"Japan's Best Global Brand 2011"の上位20社から，製造業である18社を抽出した[8]。抽出した企業はすべて日本発の製造業であり，各種財務情報が公表されている。またすべての企業において，海外売上高比率が30％を超えていることを条件としている。なお研究開発費と広告費を各社で比較するために，日経NEEDS（Nikkei Economic Electronic Databank System）のデータベースを用いて，それぞれの売上高に占める割合（「研究開発費売上高比率」ならびに「広告費売上高比率」）を算出した。対象とした期間は1997年から2010年である[9]。

　図表1-1を見てみると，日本製造業を米国製造業の一般的な値と比較した場合，日本の製造業は米国製造業よりも研究開発費への投資傾向が強いということがわかる[10]。研究開発費売上高比率については日本製造業と米国製造業との間に大きな開きが確認できた。

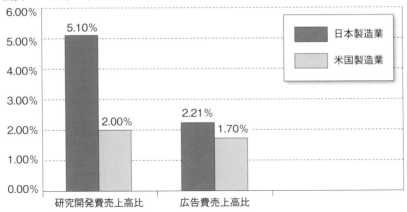

図表1-1 日本と米国の比較(中央値)

注:米国製造業の一般的な値と日本製造業の2010年の値を比較している。日本製造業のサンプルサイズは,研究開発費売上高比率が18サンプル,広告費売上高比率が16サンプル(2サンプルは欠損値)である。なお,米国製造業における中央値はGhemawat(2007)pp.87-88を参考にした。
出所:筆者作成。

　筆者はさらにサンプルサイズを大きくし,日本製造業と米国製造業の比較を実施した。具体的には日本企業と米国企業の比較だけでなく,ブランド価値を獲得している企業と非獲得企業の比較も実施した。[11]対象企業は,海外売上高比率が30%を超えている日米の製造業であり,eol,日経NEEDS Financial Quest 2.0, Mergent Onlineデータベースを利用してサンプルごとの2000-2010年にかけての時系列データを抽出した。[12]抽出した総企業数は321社,年ごとで延べ3349サンプルである。[13]

　図表1-2に広告費を1とした場合の研究開発費比率を示した。ブランド価値非獲得企業は広告費1に対し,日本企業は4.48倍,米国企業は2.61倍の研究開発費投資を行っていることを確認した。ここから特に日本のブランド価値非獲得企業は,多くの研究開発投資を行っていることがわかる。一方でブランド価値獲得企業は広告費1に対し,日本企業が2.06倍,米国企業が0.86倍の研究開発費投資を行っている。

　ブランド価値を獲得している企業でさえ,日本企業は米国企業と比べて多くの研究開発投資を行っている。このデータから日本の製造業は研究開発費

図表1-2　広告費を1とした場合の研究開発費比率

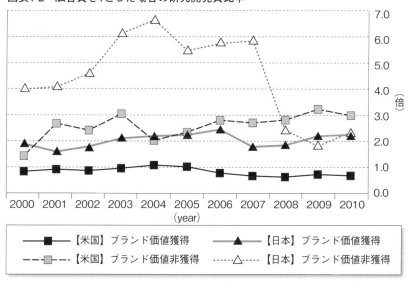

注1：製造業321社が対象。2000年から2010年の11年間で延べ3349サンプル。
注2：Brand Finance社のGlobal500（2011）にランクインしている企業を「ブランド価値獲得企業」として定義。
注3：日本のブランド価値非獲得企業について：2007年以降，僅かな広告費しか計上してこなかった企業の多くが広告費データを公表しなくなった。その結果，サンプルには相対的に多くの広告費を計上していた企業のみが残り，2008年以降，日本のブランド価値非獲得企業の値が大きく変化している。
出所：古川（2013），15頁を基に筆者作成。

への投資傾向が強く，品質や機能をはじめとした「製品」差別化を重視していることを垣間見ることができる。日本の製造業が「製品の高品質・高機能」に重点を置く戦略を採用するようになった理由には，大きく次の2点が考えられる。まず1つ目に，日本が技術大国というポジショニングで成長してきたことである。日本の製造業はこれまで，製造工程における「無駄」の徹底排除を推進し，業務効率を格段に向上させ，徹底的な品質管理を行ってきた。そのことで製品の品質や機能性を大きく向上させることができたのである。このように日本の製造業における「ものづくり技術」は他国に比べて格段に上昇した。その結果，技術主導の製品開発は日本企業のお家芸となり，高品質・高機能に重点を置く製品が多く生み出されるようになった。そして

2つ目には，製品の高品質・高機能を求める「日本の消費者の存在」がある。日本の消費者は他国の消費者に比べ，製品の品質や機能に特にこだわりを持つ傾向があるとされている。[15]日本の市場規模は大きいため，これまで日本の製造業は母国の消費者ニーズに合った高品質・高機能の製品を製造することで，ある程度の収益性が得られた。このような2つの側面より，現在日本の製造業の傾向が醸成されたと考えられる。

　図表1-2からは米国企業と比較した際の日本企業の特徴だけでなく，ブランド価値を獲得している企業がブランド価値非獲得企業と比べて，多くの広告費を投じていることも確認することができた。「良いモノを作れば売れる」といった製品の品質や機能性を過度に重視する展開では，グローバルな市場でのブランド展開に限界が存在するのである。

II. 海外市場での障害

　過剰品質の問題点は，ベトナム二輪市場におけるホンダ・ベトナムの事例に良く表れている。過去のベトナム二輪市場では，価格の安い中国製の二輪車が大量に流入してきたことで中国車のシェア（市場占有率）が急激に上昇し，その反面，日本製であるホンダ・ベトナムのシェアが低くなった（図表1-3）。しかし2002年，ホンダ・ベトナムは現地では滅多に使用されない無駄な機能を製品から削ぎ落とすことで生産コストを下げ，現地の所得水準に合った価格設定の車種を展開し市場シェアを奪還した。[16]価格競争力を獲得し，市場シェアを奪還したという事実は一見至極当然のことのように思える。しかし国際展開している多国籍企業にとって，価格をはじめとした要素の現地適合化を行うことは容易ではない。これまで述べてきた通り，特に技術大国である日本の製造業は製品における高品質・高機能に重点を置き過ぎるがため，相対的に高い価格設定を行う傾向がある。[17]

　また先進国市場への展開においても，上述した高品質・高機能依存が障害となっている。Interbrand社における2010年の調査によれば，日本発ブランドの強みとして高い技術力や品質が挙げられている一方で，情緒的な価値をはじめとしたグローバル・レベルでのコミュニケーションをうまくできて

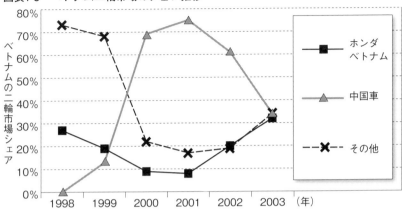

図表1-3　ベトナム二輪市場のシェア推移

出所：藤田（2005），115-116頁。

いないという改善点が示されている。[18]所得水準の高い経済先進国においては，消費者は高い品質や機能を越えた様々な価値をブランドに求めている。[19]

そしてこれまで述べてきた問題により，日本の製造業は世界で戦えるブランド力を十分に獲得できていないのが現実である。世界的なブランドであることを示す「グローバル・ブランド」は，その価値を計測する試みがこれまで図られてきた。グローバル・ブランドの代表的な価値計測機関には，米国のInterbrand社とMillward Brown社，そして英国のBrand Finance社が挙げられる。各社の公表しているブランド価値獲得企業に占める日本企業の割合を表したものが図表1-4である。[20]

ブランド価値を獲得している日本企業の割合は，Interbrand社の"Best Global Brands（2017）"では6％，Millward Brown社の"Brand Z（2017）"では5％，Brand Finance社の"Global 500（2017）"では8％に留まっている。その一方で米国企業はそれぞれ51％，50％，39％となっており，世界の中でも最もブランド価値を獲得している企業が多い。[21]

日本企業は今後，世界市場でさらにブランド価値を獲得し，プレゼンスを高め，競争力を維持・拡大していく必要がある。内閣府（2011）は，企業の海外売上高比率が上昇するほどブランドへの投資をはじめとした無形資産投

図表1-4 ブランド価値獲得企業の国別割合（2017年度版）

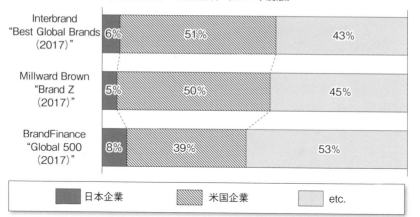

出所：各社資料により筆者作成。

資が市場に評価されやすくなることを定量的な分析により明らかにしている。[22]
企業のグローバル展開が進むほど，ブランドを構築するための投資が重要になるのである。

　本章では日本企業，そしてブランド価値を獲得している企業とそうでない（非獲得）企業の特徴を見てきた。その結果，日本企業やブランド価値を獲得できていない企業には共通して品質や機能性を重要視して展開する傾向を確認した。ここまで一貫して主張してきたことは，いくら品質や機能性に優れた製品を展開してもそれだけではグローバル市場で戦うには不十分であり，それを超えた多様な要素をマーケティングによって展開すべきであるということである。それでは品質や機能性を超えた要素とは具体的にどのようなものがあるのか，この点について次章では検討することとする。

〈注〉

1　以後，製造業はすべて「多国籍製造業」を指す。
2　新宅（2009）54-65頁。
3　Ghemawat（2010）pp.57-58.

4 「製品」と「商品」の定義については後述。
5 Douglas and Craig（2011）p.85.
6 Ghemawat（2007）pp.87-88, Caves（2007）p.9.
7 これらの指標に関する詳細はChauvin and Hirschey（1993），Mizik and Jacobson（2003），Ho *et al.*（2005），Peterson and Jeong（2010）を参照されたい。
8 抽出した企業は，トヨタ自動車，本田技研工業，キヤノン，ソニー，任天堂，パナソニック，日産自動車，東芝，資生堂，コマツ，シャープ，ニコン，スズキ，リコー，オリンパス，ブリヂストン，三菱電機，ダイキン工業の18社である（Interbrand Inc."Japan's Best Global Brand 2011"のランキング順）。除外した2社（ブランド）は，LexusとNomura Financial Searvicesである。Lexusはトヨタ自動車の展開するブランドのため，Nomura Financial Searvicesは他の製造業と単純に比較することはできないため，分析から除外した。
9 ここで利用しているデータはFurukawa（2013）で収集したデータの一部である。なお本書では研究開発費と広告費への投資傾向をあくまでも「製品」での差別化を意識しているか，それとも「商品」での差別化を意識しているかを観察するうえでの代替指標として捉えていることを改めて断っておく。
10 米国製造業の一般的な値についてはGhemawat（2007）を参照。
11 ブランド価値獲得企業の抽出に際しては，多くのブランド価値獲得企業サンプルを獲得するためにBrand Finance社の"Global 500（2011年版）"を利用した。2011年時点でBrand Finance社の"Global 500（2011年版）"にランクインしている企業をブランド価値獲得企業と定義。
12 なお，研究開発費に多額の投資を実施しているとされるR&D集約財製造業を取り除いている。
13 詳細は古川（2013）を参照。
14 Hofstede（1991）によれば，産業の得意分野は文化特性に応じて異なるとしている。そのうえで「男性らしさ」を持つ国では，効率性・高品質・迅速性が必要とされる製造業が得意であるとしている。日本はHofstedeの分析した76か国中，2番目に「男性らしさ」が強い国として挙げられている。「男性らしさ―女性らしさ」の各国ランキングはHofstede *et al.*（2010）を参照されたい。
15 日本貿易振興機構（2005）146頁。
16 新宅（2009）58-60頁，藤田（2005）122-123頁，『日本経済新聞』2002年4月1日付け朝刊，11頁，「ベトナム二輪市場，ホンダ巻き返し　―中国製追撃へ半値車増産―」。
17 新宅（2009）56-58頁，『読売新聞』2011年1月11日付け朝刊，9頁，「日本車割高，中国で苦戦，少ない車種も影響」。
18 上條（2010）5頁。
19 森（2007）15頁。
20 本節におけるブランド価値とは，すべてグローバル・ブランド価値を指す。
21 なお「etc.」の部分は，その大半を欧州企業が占めている。
22 内閣府（2011）192-193頁。

第1部
理論編

　理論編では，品質や機能性以外の要素を既存の研究を踏まえて検討している。まずこれまでの研究によってどこまでが明らかになっており，どこから先が明らかになっていないのかを明確にする。そのためにGBI戦略の代表的な研究であるRoth（1992, 1995a, 1995b）を軸としながら既存研究の範囲を確認している。

　その後，明らかになっていない部分についてGBI戦略研究以外の文献も検討しながら品質や機能性だけに留まらない7つのGBI戦略要素を提示する。7つの要素とは，価格訴求，品質訴求，多様性・新規性訴求，集団訴求，ステータス訴求，感情訴求，社会貢献訴求である。

　理論編ではさらに世界の各国で文化の異なる人々に，どのようなGBI戦略を訴求したら効果的なのかについても検討している。そもそも文化とは何か。そして文化圏が異なれば効果的なGBI戦略も変化するのであろうか。

2章
GBI 研究と戦略要素

第1節　GBI研究

　経済が発展するとともに市場に多様な消費者が出現することで，彼らの心を射止めるために多くのマーケティング手法が生まれ，研究されてきた。近年では，ステータス・ブランド・マーケティングやバズ・マーケティング，経験価値マーケティングなどといったものがある。メルセデス・ベンツやルイ・ヴィトンなどといったブランドは，高い社会的ステータスを訴求するマーケティングを行い，航空会社であるエア・アジアは顧客ロイヤルティ獲得のために，口コミを生むよう努力している。レインフォレスト・カフェやアパレル・ブランドのAbercrombie & Fitchは五感を用いた経験を全面的に訴求するマーケティングを行っている。

　これら新たなマーケティング手法が生まれてきた一方で，新たな問題も生じている。「グローバルな世界で，どのような国や地域にどのマーケティング手法を選択し用いていくか」といった選択指針の欠如である。前章でも述べた通り，日本の製造業は品質や機能性といった「製品」に重点を置いた展開を行っており，多様な価値をうまく世界に訴求できていない。その理由の1つに，この指針の欠如がある。また企業が国境を超え，異なる文化特性の市場をまたいでマーケティングを行う場合，画一的な手法を用いることが可能なのか，それとも各地域によって最適な手法があるのか。地域による適応が必要な場合，どのような基準で適応する必要があるのか。Rothが実施したグローバル・ブランド・イメージ研究はこの問題を解決する一助となりうるも

のである。彼は「各国でそれぞれ，どのようなブランド・イメージ訴求を行ったら最適なパフォーマンスをもたらすか」ということを実証により明らかにしている。ブランド・イメージを発展させ，管理することは，マーケティング活動の重要な要素である。また，ブランド・イメージはマーケティングのやり方次第で変容するものである。企業が国境を超え，異なる文化特性の市場をまたいでブランド・イメージ戦略を行う場合，各地域や文化圏でどのようなマーケティングを行う必要があるのか。本節ではGBI戦略研究で，初の実証を行ったMartin S. Rothの研究にフォーカスする。そして過去のGBI研究の流れから，現代における彼の研究の意義，限界を示す。

　なおブランド・イメージ研究は大きく3つに大別されることを予め断っておく。1つ目は原産国（Country Of Origin）に基づく研究である。これはブランドの生産国が与えるイメージであり，日本ブランドというだけで高品質といったような連想を与えるものがこれにあたる。近年では，Country Of Design（デザイン国）やCountry Of Assembled（組み立て国）といったような概念も用いられている。2つ目はブランド・パーソナリティに基づく研究である。これはブランドを「人」にたとえた場合に，どのような「人」であるのかといった観点からまとめられるイメージである。例えばAaker（1997）の代表的な研究では，ブランドを誠実・刺激・能力・洗練・耐久といった5つの要素からそれぞれのイメージを捉えようとしている。そして3つ目がブランド便益（Benefit-Based Image）に基づく研究である。これは消費者が受け取る便益（詳細な説明は後述）からまとめられるイメージである。低価格イメージだとか高品質イメージ，流行イメージなどがこれにあたる。本書ではこのブランド便益（Benefit-Based Image）研究に基づいてブランド・イメージについて検討することとする。その理由は第1に，ブランド便益（Benefit-Based Image）に基づくブランド・イメージ研究がPark *et al.*（1986）に代表されるように「マーケティングの選択指針を探る」という目的の下で実施されているためである。この点は，本書での目的と合致する。第2にブランド・イメージ研究の中でも，ブランド便益（Benefit-Based Image）に基づいた研究は現状で十分に実施されているとはいえず，この分野を拡充する必要があるためである。以上より，研究の蓄積が相対的に豊富である原産国（Country Of

Origin）やブランド・パーソナリティに基づくブランド・イメージ研究は別稿に譲ることにして，本書ではブランド便益（Benefit-Based Image）に基づくブランド・イメージ研究に焦点を絞る。

I. ブランド・コンセプト選択

　Gardner *et al.*（1955）は，ブランドを市場に投入する前にブランド・コンセプトを決定する必要があるとしている。そして時間をかけてイメージを維持・管理していくことが，長期的なブランドの成功条件であるとしている[5]。また，Wind（1973）やShocker and Srinivasan（1979）は，適切なブランド・コンセプトの選択がブランドの長期的な価値向上をもたらすことを示唆している[6]。そのうえで，Park *et al.*（1986）はブランド・コンセプトを長期的に管理するためのフレームワークを提唱している。そして彼のフレームワークは後に，Keller（1993）のブランド・エクイティ理論に組み込まれることになる[7]。Roth（1992）のGBI研究は，Park *et al.*（1986）のブランド・コンセプト研究を一部批判したことから始まる。なお本書では，ブランド・コンセプトならびにブランド・イメージを次のように定義する[8]。ブランド・コンセプトとは，「企業が選択したブランドの意味」であり，ブランド・イメージの中核を示す概念である。またブランド・イメージとは，「消費者の記憶内にあるブランドの連想」である。ブランド・イメージは企業－消費者間のコミュニケーション活動を含めた，企業に関連するすべての事象によりもたらされた消費者の知覚であり理解である。

1. BCM（ブランド・コンセプト－イメージ・マネジメント）

　Park *et al.*（1986）は，長期的なブランド・イメージ管理のためのフレームワークとして，ブランド・コンセプト－イメージ・マネジメント（BCM）という概念を提唱した（図表2-1）。BCMはブランド・コンセプトを機能的（Functional），象徴的（Symbolic），経験的（Experiential）の3つに分類し，これらをブランドの市場導入段階，市場での修正段階，拡張展開段階のそれぞれにおいて1つだけ選択していくというものである。彼らは，ブランド・

図表2-1　ブランド・コンセプト・マネジメント

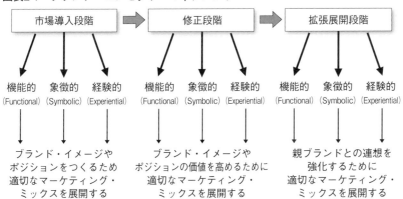

出所：Park *et al.* (1986), pp.136-139.

コンセプトを明確にして消費者を混乱させないために，また複数のコンセプトを選択した場合でも管理が難しくならないように，複数のコンセプト選択はすべきでないとしている。

　機能的コンセプト（Functional）とは，問題解決や予防を訴求するものである。洗濯洗剤などで，「気になる匂いを落とす」，「白くする」などといった側面が訴求されているものがこれに該当する。象徴的コンセプト（Symbolic）とは，コミュニティ内の立場や周りの人々との関連性を訴求するものである。ブランドを所持すること自体が成功やステータスの証となるようなものなど，消費者の自我を拡大させるようなものがこれにあたる。経験的コンセプト（Experiential）とは，感覚的な喜び，多様さ，経験的な消費を訴求するものである。刺激や多様性を求める消費者を充足させるものや，消費すること自体が喜びや楽しみをもたらすものがこれにあたる。

　Park *et al.* (1986) 以前の研究では，車なら象徴的コンセプト，芝刈り機なら機能的コンセプトといったように，製品群によって3つのブランド・コンセプトの中から適切な要素が割り当てられるのが普通であった。しかしPark *et al.* (1986) は，製品群とブランド・コンセプトを分離してBCM理論を構築している。これは，コンセプトから派生するイメージは企業のブランド・マネジメントによって消費者の中に形成されるものであって，製品群によっ

第1部　理論編

て形成されるものではない，という主張から導き出されたものである[10]。そのうえで，あらゆる製品にあらゆるコンセプトを付与することが可能であるとしている。この考え方はRothのGBI研究にも受け継がれる。

2．Depth展開とBreadth展開

　Park *et al.*（1986）の研究を経て，Roth（1992）はBCM理論の有効性を実証によって明らかにしている。BCM理論では，ブランド構築の各段階において，1つのブランド・コンセプトを選択すべきであると主張されていた。そこで彼は，ブランド・イメージを展開する上で「1つのブランド・コンセプトを選択すべきか（Depth展開）」，「複数のブランド・コンセプトを選択すべきか（Breadth展開）」という問題を検討している。そのうえで，どちらの戦略がより高いパフォーマンスを発揮するかを検証した[11]。彼は市場環境に応じてDepth展開とBreadth展開のパフォーマンスが異なるのではないかと考え，市場環境の違いを示す要素として「各国の経済発展度」，「市場競争度」，「文化におけるコンテクストの違い」[12]の3つを検討している。まず，国際的に市場を検討する際の最も重要な環境側面として「各国の経済発展度」，そして各市場で競合他社がどれほど存在しているかという「市場競争度」が挙げられる。そして「文化におけるコンテクストの違い」については，消費者がどのようにブランド・コンセプトを解釈するかに影響を与える要因として挙げられている。

　彼は米国に拠点を持つ海外進出企業のブランド・マネージャー38人，ビール，ジーンズ，スニーカーといった消費財を対象とし，213ケースのブランド戦略，計11か国の市場を分析している[13]。その結果，純粋に1つのブランド・コンセプトを選択し，ブランド・イメージ展開を行っているケースは1つも存在しなかった。つまり，すべてのケースにおいてBreadth展開が採用されていたということになる。そのため，Depth展開とBreadth展開は，Rothによって次のように再定義された。

Depth展開：複数のブランド・コンセプトが採用される中でも，強い訴求を
　　　　　　行う支配的なコンセプトを1つ用意する展開。

Breadth展開：複数のブランド・コンセプトが採用される中で，支配的なコンセプトが存在しない展開。

図表2-2　Depth展開とBreadth展開

		Depth展開	Breadth展開
経済発展度	高	○	×
	低	○	×
市場競争度	高	△	△
	低	○	×
コンテクスト文化	高	○	×
	低	×	○

注：○→有効，△→どちらともいえない，×→有効ではない。
出所：Roth（1992）を基に筆者作成。

　このように再定義してみると，Depth展開はBreadth展開より全体的に高いパフォーマンスを発揮することがわかった（図表2-2）。「経済発展度」という点では，経済発展度の高い国でも低い国でも，Depth展開の方が有効であった。特に経済発展度の低い国ではその傾向が顕著であることもわかった。また「市場競争度」という点では，市場競争度が低い場合，Breadth展開よりもDepth展開の方が有効であった。市場競争度が高い場合には，両戦略の間に有効な差が見られなかった。「文化におけるコンテクストの違い」という点では，高コンテクスト文化においてはDepth展開が有効であった。一方で，低コンテクスト文化においてはBreadth展開の方が有効であった。なおPark *et al.*（1986）の主張する純粋なDepth戦略は存在しなかったため，どのケースにおいても複数のブランド・コンセプト選択が行われていた。

II. ブランド・イメージ訴求ポイントの選択

　Depth展開とBreadth展開についての検証により，複数のブランド・コンセプトを選択し，複数のイメージを訴求する必要があることがわかった。しかし，どのような基準でコンセプトを選択する必要があるのか。実は，この点に関してもRothは実証により明らかにしている。[14] Rothは各国の文化特性

と社会経済の違いの中で，どのようなブランド・イメージが最も良いパフォーマンスを発揮するのかを明らかにしようとした。なおパフォーマンス指標として，彼はマーケットシェアを採用している。[15]

1. Hofstedeの多文化社会理論

「文化の違い」という視点でRoth (1995a) が用いた尺度は，Hofstedeによる「多文化社会理論」で示された4つの文化特性である。Hofstedeは50か国以上，11万6000人を超えるIBM社員を対象にした実証により，文化の差異を求め，「権力格差」，「個人主義―集団主義」，「男性らしさ―女性らしさ」，「不確実性の回避」といった4つの文化特性を抽出した。[16]

権力格差とは，「それぞれの国の制度や組織において，権力の弱い成員が，権力が不平等に分布している状況を予期し，受け入れている程度」[17]と定義されている。権力格差は，ラテン系諸国，アフリカ，アジアなどでは大きく，ラテン系以外のヨーロッパ諸国，北米などでは小さい。[18]権力格差は「権力の差」にどのように対応するかで，その大きさが決定される。上司と部下の関係に例えると次のようになる。権力格差が大きい場合，部下にとって上司は近づきがたく，面と向かって反対意見を述べることはほとんどありえない。つまり上司と部下の感情的な隔たりが大きく，権力の弱い者は権力者の決定に依存することになる。逆に権力格差が小さい場合，部下はかなり気軽に上司と接し，反対意見を述べることもできる。つまり権力者と権力の弱い者との感情的な隔たりが相対的に小さく，両者が相互依存の関係になっている。

「個人主義―集団主義」は次のように定義されている。「個人主義 (Individualism) を特徴とする社会では，個人と個人の結びつきはゆるやかである。人はそれぞれ，自分自身と肉親の面倒をみればよい。集団主義 (Collectivism) を特徴とする社会では，人は生まれた時から，メンバー同士の結びつきの強い内集団に統合される。内集団に忠誠を誓うかぎり，人はその集団から生涯にわたって保護される」。[19]個人主義の傾向は，西欧や北米で強く，集団主義の傾向は，アフリカ，南米，アジアで強い。[20]

個人主義社会においては，何かを行う際に個人を強く意識する傾向があり，集団というよりは個々人でのパフォーマンスを向上させることに重点を置く。

また個人的な時間や自由を志向する傾向があり，何でも自分でやってみるなどといった経験を大切にする。自身のライフスタイルを表現できるような消費を行い，楽しさや快楽を志向する[21]。一方で集団主義社会においては，何かを行う際にチームワークやメンバーシップが意識され，集団でのパフォーマンスを向上させることに重点を置く。また集団で行われた決定を信じる傾向があり，消費を行う場合は社会的なネットワークを情報源とする傾向がある[22]。

「男性らしさ―女性らしさ」については，「仕事の目標」というテーマにより分類されている。仕事の中でも「給与」，「仕事に対する承認」，「昇進」，「やりがい」といったことを目標にする社会を「男性らしさ」と定義している。一方で「上司との関係」，「仕事の協力」，「居住地」，「雇用の保障」に目標を置く社会を「女性らしさ」と定義している。男性らしさの傾向は，日本，オーストリア，イタリア，スイスなどで強く，一方，女性らしさの傾向は，スウェーデン，ノルウェー，オランダ，デンマーク，アジアではタイ，韓国などで強い[23]。

男性らしさの強い社会では，人々は，自己主張，競争といった目的を持っており，男女の社会的な役割が決められている傾向がある。また野心的かつ自己主張が強く，強さやステータスを志向し，物質的な成功や進歩を目指している。消費については，高価なものを志向する傾向にあり，商品に関するデータや事実に関心を持つ[24]。一方で女性らしさの強い社会では，人々は他者への配慮，社会環境を重視している。そして男女の性的役割が明確でないことが特徴である。社会的弱者をはじめとした「他者」に配慮した活動を行い，奉仕活動に関心がある。また，自国の経済成長よりも海外援助や環境保護に目を向ける傾向にある[25]。

最後に「不確実性の回避」は，「ある文化の成員が不確実な状況や未知の状況に対して脅威を感じる程度」[26]と定義されている。不確実性回避の傾向は，ラテンアメリカ，ラテン系ヨーロッパ，地中海諸国，日本，韓国では強く，日本，韓国以外のアジア諸国，アフリカ諸国，アングロ系と北欧諸国では弱い[27]。

不確実性の回避が強い社会においては，曖昧さや自分の持つ不安をすぐに解消したいという欲求が強い傾向にある。人々にとって不確実性は脅威とみなされており，取り除かれなければならないものと考えられている。また奇

抜なアイデアや行動を抑制し，革新に対する抵抗があるのが特徴である。保守的な傾向を持っており，逸脱しているものを危険視する[28]。一方で不確実性の回避が弱い社会においては，曖昧な状況であっても，危険についてよくわからなくても比較的平気であるといった傾向がある。むしろ変化に関心や好奇心を持ち，奇抜で革新的なアイデアを受け入れるといった特徴を持つ[29]。

Hofstedeは全世界のIBM従業員を調査し文化特性としてこれらの要素を導出したが，Lynn et al.（1993）はHofstedeが識別した文化特性が消費者行動にも同様に影響をもたらすということを明らかにしている。これを踏まえRoth（1995a）は，分析視角としてHofstedeの文化特性を用いているのである。RothはHofstedeの4つの文化特性の中から，消費者ニーズとブランド・イメージに関連しうるものとして，「権力格差」，「個人主義—集団主義」，「不確実性の回避」の3つを分析視角として採用している。

2. Rothによる文化特性と社会経済の検証

Rothは，Hofstedeの3つの文化特性に，「社会経済の発展度」を分析視角に追加した[30]。考慮されたのは各国のGDP，平均収入，メディア・アクセス頻度，雇用，出生率，人口成長度などであり，10か国60都市のサンプルである[31]。Rothは，これらの都市に進出している209ケースの消費財ブランド戦略を対象に分析している。

図表2-3に分析結果を示してある。まずイメージがマーケットシェアに与える影響に関して，機能的（Functional），社会的（Social），感覚的（Sensory）のどのイメージにおいても統計的に有意な結果は確認されなかった。どのイメージ戦略も直接的なマーケットシェアへの影響は確認できないということだ。しかし，イメージ戦略に文化特性や社会経済の要因が絡み合ってくると事情が変わってくる。ここでは「権力格差×社会的（Social）イメージ」，「権力格差×感覚的（Sensory）イメージ」，「個人主義×3つのイメージ」，ならびに「社会経済×3つのイメージ」が関連した時，マーケットシェアの変化が確認できることがわかった。しかし「不確実性回避」の特性だけは，1つも有意な結果を得られなかった。

Rothは，これら影響の確認された項目をより詳しく分析している。彼は「権

2章　GBI研究と戦略要素

図表2-3　GBI戦略のパフォーマンス

	マーケット・シェア β
機能的イメージ	.001
社会的イメージ	.117
感覚的イメージ	-.042
機能的イメージ　×　権力格差	-.074
社会的イメージ　×　権力格差	**.198****
感覚的イメージ　×　権力格差	**.175****
機能的イメージ　×　不確実性回避	-.025
社会的イメージ　×　不確実性回避	.094
感覚的イメージ　×　不確実性回避	.053
機能的イメージ　×　個人主義	**.169***
社会的イメージ　×　個人主義	**-.339*****
感覚的イメージ　×　個人主義	**.261*****
機能的イメージ　×　社会経済	**-.203****
社会的イメージ　×　社会経済	**.305*****
感覚的イメージ　×　社会経済	**.286*****

注：*** p<.01，** p<.05，* p<.10
出所：Roth（1995a），p.170.

力格差」,「個人主義」,「社会経済」のそれぞれを高（High）・中（Medium）・低（Low）に細分化し，パフォーマンスの度合いを示した結果を示している。まず「権力格差」については，その傾向が強いほど社会的（Social）イメージ，感覚的（Sensory）イメージ戦略が有効である。そして，権力格差が弱くなるにつれて両イメージ戦略は負の影響をもたらす傾向がある。次に「個人主義」の特性では，その程度が弱くなり集団主義傾向が強くなるほど，社会的（Social）イメージ戦略が有効であり，一方で感覚的（Sensory）イメージ戦略は負の影響をもたらす傾向がある。逆に個人主義傾向の強い場合，社会的（Social）イメージ戦略は負の影響をもたらす傾向があり，一方で感覚的（Sensory）イメージ戦略は有効になる。「社会経済」という特性では，社会経済レベルが高くなるほど，社会的（Social）イメージ，感覚的（Sensory）イメージ戦略が有効である。また，社会経済レベルが低くなるほど両イメージ戦略は負の影響をもたらす傾向がある。「社会経済」と機能的（Functional）

イメージ戦略との間にも関係性は発見されたが，有意な値が検出されたのは社会経済レベルが低い場合のみであった。そのため傾向は不明であるが，社会経済レベルが低い場合には機能的（Functional）イメージ戦略が有効であるという結果が出ている。

3. Rothのイメージ標準化・適応化論

　Rothの実証により，企業は展開国での文化特性と社会経済によってGBI戦略を変化させていく必要があるということが示唆されている。パフォーマンスを高めるために，ブランド・イメージを適応化する必要があるわけである。しかし，単に適応化するだけでは規模の経済によるメリットを失いグローバル化のメリットを十分に享受できない。それではブランドはどのような状況に応じてイメージを適応化させる必要があるのか。Roth（1995b）は前節と同様のデータ・指標を用いて，これを検証している。[32]ブランド・イメージの標準化・適応化を行っているサンプルの割合は図表2-4の通りである。これを見ると全体的に標準化傾向が強いことがわかる。これは標準化により得られる規模の経済効果が大きいためであり，ほとんどの企業がDepth戦略を採用していることからもそれがわかる。[33]

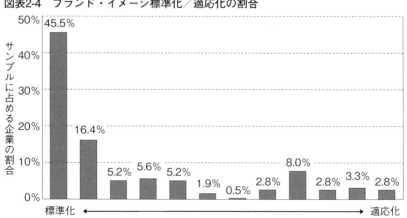

図表2-4　ブランド・イメージ標準化／適応化の割合

出所：Roth（1995b），p.65.

さらに，企業の進出している国家間，そして国内での文化特性や社会経済要因のばらつき度合いに応じてブランド・イメージの適応化が有効となるのかどうかもRothは検証している。

その結果ブランド・イメージの適応化戦略が最適なパフォーマンスをもたらすのは「権力格差バリエーションが大きい場合」，「個人主義—集団主義バリエーションが大きい場合」，「各国の社会経済バリエーションが大きい場合」，「市場間の社会経済バリエーションが大きい場合」であるという結果が得られた。一方で，「権力格差バリエーションが小さい場合」，「個人主義—集団主義バリエーションが小さい場合」，「各国の社会経済バリエーションが小さい場合」においてはブランド・イメージを標準化する戦略が良いパフォーマンスをもたらす結果となった。

III. Roth研究の意義と限界

どのようなマーケティング手法を用いるかでブランド・イメージは大きく変容してしまう。また近年多くのマーケティング手法が生まれてきたため，その管理が難しい。しかしマーケティングを通して，長期的にGBIを維持・管理していく必要がある。そのため，現実には「グローバルな世界で，どのようにマーケティング手法を選択し用いていくか」という問題が存在している。RothのGBI研究は，実証を通してマーケティング手法選択の一助を提供している。これが彼によるGBI研究の現代的意義である。

「ブランド・コンセプト選択」の研究で発見されたのは，Park *et al.* (1986)の主張する純粋なDepth戦略が現実には存在しないということであった。さらに，Rothによって再定義されたDepth戦略は，低コンテクスト文化圏以外のほとんどの状況下で高いパフォーマンスを示した。ここから，多くの状況下で軸となるブランド・イメージとともに，複数のイメージを訴求する必要性が示唆されている。複数のイメージを訴求するためには，（経験価値マーケティングとバイラル・マーケティングを併用するといったように）複数のマーケティング手法を用いる必要があるかもしれない。

続く研究では，文化特性と社会経済がGBI戦略に与える影響について，一

定の傾向が存在することが明らかになった。文化特性と社会経済が異なる場合，最適なイメージ戦略も変化することになる。そのうえで，ブランド・イメージを適応化して各国・各市場で最適なイメージ戦略を採るべきなのか，それともブランド・イメージを標準化して高いパフォーマンスにつなげるのか，をも彼は明らかにした。

Rothによる研究の結果をまとめたものが図表2-5である。権力格差が強く，集団主義傾向で，社会経済の発展度合いが高いほど，ステータス・ブランド・マーケティングやバイラル・マーケティングといった社会性を訴求するマーケティングが有効である可能性が高い。また，権力格差が強く，個人主義傾向で，社会経済の発展度が高いほど，経験価値マーケティングや五感マーケティングといった経験や感覚を訴求するマーケティングがうまく作用する可能性が高い。そして，社会経済の発展度合いが低い社会では，旧来からの「機能性」を訴求するマーケティングが消費者に受け入れられる可能性が高い。

このように，Rothの研究はグローバル・マーケティング手法選択の一助となりうる。しかしその一方で，Rothの研究は，いくつかの限界も有している。

図表2-5　RothのGBI研究

	標準化／適応化	ブランド・イメージ（BI）戦略
権力格差	バリエーションが大きい：適応化 バリエーションが小さい：標準化	高いほど社会的BIは有効 高いほど感覚的BIは有効 低いほど社会的BIは負の影響 低いほど感覚的BIは負の影響
個人主義 ー集団主義	バリエーションが大きい：適応化 バリエーションが小さい：標準化	集団主義なほど社会的BIは有効 個人主義なほど感覚的BIは有効 個人主義なほど社会的BIは負の影響 集団主義なほど感覚的BIは負の影響
不確実性 回避	n.s.	n.s.
各国の 社会経済	バリエーションが大きい：適応化 バリエーションが小さい：標準化	低ければ機能的BIは有効 高いほど社会的BIは有効
市場間の 社会経済	バリエーションが大きい：適応化	高いほど感覚的BIは有効 低いほど社会的BIは負の影響 低いほど感覚的BIは負の影響

出所：古川（2010），47頁。

第1に,「消費者行動研究との乖離」が挙げられる。Roth（1992）やPark et al.（1986）のGBI研究は,心理学者Woods（1960）の研究に由来している。Park et al.（1986）が挙げた機能的（Functional）,象徴的（Symbolic）,経験的（Experiential）といったブランド・コンセプトは,Woods（1960）の自我関与研究によってもたらされている。彼は自我関与という概念の下,消費者ニーズと商品類型からこれらの要素を導き出した。そして,彼の研究は消費者行動研究に受け継がれた。Sheth et al.（1991a, 1991b）の消費価値研究では,消費行動を説明する要因として「消費価値」という概念が導出されている。ここでは5つの消費価値が挙げられている。この概念がブランド・イメージに関係することについては,Rabolt and Park（2009）により明らかになっている。このことからも心理学および消費者行動研究とGBI研究との更なる理論的融合が必要である。

　第2に,「社会的（Social）イメージ」の意味を細分化する必要がある。象徴的（Symbolic）・社会的（Social）といった概念は,そもそも自我拡大型消費者ニーズを表現するものとして導き出された。そのためこの概念は広義に捉えられる。Woods（1960）が自我拡大型ニーズを「メンバーシップへの帰属（Membership）」,「威光（Prestige）」などに細分化しているが,このようにGBI研究における「社会的（Social）イメージ」もより細分化する必要がある。そのことによって「バズ・マーケティング」など近年登場してきたマーケティングがうまく作用する文化圏・地域を導出できる可能性がある。

　第3に,文化特性の枠組みを検討する必要がある。文化特性を扱う研究では,これまでHofstedeの研究が用いられることが多かった。1970年代,80年代に確立した彼の分析枠組みは依然として多くの研究者の注目を集め,一層の深化が図られているが,近年,VALS（Value And Life Style）,RVS（Rokeach Value Survey）,LOV（List Of Values）,SVS（Schwartz Value Survey）といった研究も生まれてきている。これらの異文化研究の最新成果も吸収しながら,GBI研究を発展させる必要がある。

　以上,Rothの限界は以降において検討する。

第1部　理論編

第2節　GBI戦略の7要素

　本節ではブランド・イメージ・マネジメントの視点からマーケティング戦略選択指針を模索する。かつてPark *et al.*（1986）が提唱し，Roth（1992, 1995a, 1995b）が実証を行った「ブランド・イメージ・マネジメント[38]」の概念は一定の指針を提示していたが，近年の多様化したマーケティング戦略をすべて説明できるようにはなっていない。その原因は，取り上げられているブランド・コンセプト（ブランド・イメージの中核となるもの）の少なさにある。「ブランド・イメージ・マネジメント」において，ブランド・コンセプトとして採用されているのは「機能的」，「象徴的」，「経験的」の3側面のみである。彼らの抽出したブランド・コンセプトは消費者の価値観からもたらされているが，消費者の価値観についての研究は，消費者行動研究の分野においてさらに進展している。一方でブランド研究の焦点は，これまでダイナミックな視点でのブランド構築や，ブランド認知プロセスの実証を主としてきた。そのため，ブランド・コンセプト研究，また消費者にとって価値をもたらしているブランドの側面についての議論があまり活発ではなかったのが現状である[39]。

　そこで本節は既存の消費価値研究から現代の多様化したブランド・コンセプトを整理し，そこから企業が採用可能なGBI戦略を抽出することを目的とする。

I. 消費価値研究

　消費価値研究とは，消費行動に影響を与える消費者の価値観についての研究である[40]。1960年代から1970年代にかけて，消費者行動研究においてはS（Stimulus）―O（Organism）―R（Response）モデルや，情報処理パラダイムを基礎とする研究がその中心を占めていた。これらの研究において，消費者は「論理的な思考」を行うことが前提として捉えられていた[41]。しかし1980年代初頭，このような前提への疑問が高まり，消費者行動における「より主観的な要因」へのアプローチが盛んに行われるようになった。その結果，消[42]

1. 消費価値（Consumption Values）

　その後，消費者行動研究における消費価値研究はさらに進展したが，共通のコンセンサスが存在しないという問題に直面することになる。しかし現在ではSheth *et al.*（1991a, 1991b）の提唱する消費価値（Consumption Values）が大きな支持を得ている[43]。その理由は，彼らの理論的フレームワークが広範囲における研究領域，そして実証研究を集約したものであるためである。彼らの基盤とする研究は，社会心理学，臨床心理学，実験心理学，経済心理学，消費経済学，社会学，社会成層学，消費者行動学などの，650を超える文献によってもたらされている[44]。また消費価値は多くの実証が行われ，一貫した妥当性を得ているということもその一因である[45]。

　Sheth *et al.*（1991a, 1991b）が提示した消費価値は，「機能的価値（Functional）」，「認識的価値（Epistemic）」，「社会的価値（Social）」，「感情的価値（Emotional）」，「条件的価値（Conditional）」の5つである（図表2-6）。各要因はそれぞれ独立しており，かつ消費行動には複数の消費価値が関連しあっている。また，消費のどのような場面においても消費価値が機能しているとされている[46]。本節ではSheth *et al.*（1991a, 1991b）の消費価値概念を基盤として，企業が採用可能でありかつ具体的なGBI戦略を検討する。そのた

図表2-6　Sheth *et al.*（1991a, 1991b）の消費価値

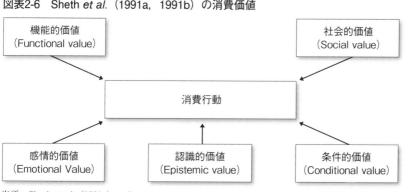

出所：Sheth *et al.*（1991a），p.7.

め,彼らの消費価値については,それぞれ次節で詳しく説明,および検証する。

1990年代以降の消費価値研究においては,Holbrook(1996, 2006)の提唱する,「消費者価値(Customer Value)」概念も支持を得ている。彼は消費行動を「外在的—内在的」,および「自己指向—他者指向」の2軸から説明している(図表2-7)。Holbrook(1996)によれば,「外在的—内在的」の枠組みは,「手段—目的関係」と関連しているとしている。つまり「外在的」とは,手段として更なる目的を達成するための動機であり,一方で「内在的」とは消費それ自体が目的となるような動機と位置づけられている。また「自己指向」とは,自分自身のための,または自分自身に影響を与える枠組みである。それとは反対に「他者指向」とは,他者を意識した,他者との相互関係を考慮した枠組みと定義されている。

「外在的」かつ「自己指向」であれば,「経済的価値(Economic)」が該当する。これには具体的に,製品の効率性や品質の重視が挙げられている。また,「外在的」かつ「他者指向」であれば,「社会的価値(Social)」が該当する。これには,所有することによる社会的名声,ステータスがある。「内在的」で「自己指向」の場合,「快楽価値(Hedonic)」が挙げられている。これには消費体験,製品の美しさなどによる自己充足などがある。最後に「内在的」で「他者指向」の場合,「利他的価値(Altruistic)」が挙げられている。これには正義感,美徳観,信念を動機とした,他者への貢献を伴う消費が該当する。[47]この「利他的価値(Altruistic)」を除けば,Holbrook(1996, 2006)の分類は,Sheth *et al.*(1991a, 1991b)の「消費価値(Consumption Value)」概念と

図表2-7 Holbrook(1996, 2006)の消費者価値概念

	外在的(Extrinsic)	内在的(Intrinsic)
自己指向 (Self-oriented)	経済的価値 (Economic Value)	快楽価値 (Hedonic Value)
他者指向 (Other-oriented)	社会的価値 (Social Value)	利他的価値 (Altruistic Value)

出所:Holbrook(2006), p.715.

重複点が多い。例えばHolbrook（1996, 2006）の「経済的価値（Economic）」はSheth et al.（1991a, 1991b）の「機能的価値（Functional）」と対応している。また両者とも「社会的価値（Social）」を採用しており，さらに「快楽価値（Hedonic）」は「感情的価値（Emotional）」と概念の多くが重複している。

2. 消費者の価値観

　日本においても，消費価値研究が行われている。野村総合研究所は1997年，2000年の2回に分け，消費行動調査のため，日本人1万人へアンケートを行った。因子分析の結果，日本人の消費価値は「寄らば大樹型」，「流行追求型」，「こだわり消費型」の3つに大別されている。[48]「寄らば大樹型」とは，有名ブランド，有名メーカーの品を好んで消費し，価格が高くてもアフターサービスが充実しているものを選択するという指向である。「流行追求型」とは，流行にこだわる，または他者より先に新商品や新サービスを利用するといった指向である。そして「こだわり消費型」とは，自己のライフスタイルにこだわって商品を選択し，また他者とは異なる個性的なものを敢えて選択するという指向である。彼らは消費における「日本人の三大価値観」として，このような分類を行った。

　青木（1997）は消費者の価値が「物理機能的価値」，「情緒的価値」，「精神的価値」によって構成されているとしている。[49]「物理機能的価値」とは，ブランドの具体的で物理的な特徴に由来する機能的な価値である。また「情緒的価値」とは，ブランドによってもたらされる気分や情緒などのメンタルに由来する価値である。そして「精神的価値」とは文化，社会と密接に関連した消費者の精神的側面を満足させる価値とされている。

　「ブランド価値」という観点からは，和田（2002）が次のような概念を提示している。ここでの「ブランド価値」とはブランドが消費者に提供する価値であり，同様に消費者にとっての便益である。彼はそれらを「基本価値」，「便宜価値」，「感覚価値」，「観念価値」の4つに分類した。[50]「基本価値」とは製品の物理的機能性であり，品質そのもの，また製品の優良度などに代表される。「便宜価値」とは，製品の購買・消費時に利便性を提供する価値である。例えば，価格や使用しやすいパッケージの工夫などといったものである。

「感覚価値」とは，五感を通して楽しい消費経験を提供する価値である。製品や広告，販促物に感じる魅力や好感度が，感覚価値を構成している。最後に「観念価値」は，ブランドが発信するノスタルジー，ファンタジー，ブランドの歴史への憧れや共感度，また自己のライフスタイルへの共感度などによって構成される価値である。また「観念価値」は，ブランドに単なる「品質や機能以外のストーリーを付加する」[51]ものと位置づけられている。「ブランド価値」概念において，それぞれの価値は階層的である。和田（1997）によれば，それは「基本価値が十分に提供されなければ便宜価値は創造されない」[52]というように，上位価値が下位価値を前提に成り立っているためであるとしている。

II. GBI戦略の7要素

前節ではこれまでの消費価値研究をレビューしてきたが，本節ではSheth *et al.*（1991a, 1991b）の消費価値概念を基盤とし，GBI戦略の要素抽出を行う。彼らの概念は多岐の分野における多くの研究を集約したものであり，実証的妥当性も存在する[53]。そのため本節では彼らの消費価値概念を基盤とした。一般的に，ブランド・イメージとは「消費者の記憶内にあるブランド連想」[54]と定義されている。つまりブランド・イメージとは消費者が所持するイメージである。その一方で，本節では「GBI戦略」を「企業が選択したブランドの意味を，消費者に対して訴求する戦略」と定義する[55]。企業の発するブランド・イメージと，消費者の受け取るブランド・イメージは必ずしも一致するとは限らない[56]。しかしGBI戦略を通して，企業はブランドの意味を消費者に訴求し，企業にとって望ましいブランド・イメージを消費者の中に構築するのである。

なお，本節では，Sheth *et al.*（1991a, 1991b）の消費価値構成要素の1つである「条件的価値（Conditional）」を抽出過程において除外した。「条件的価値（Conditional）」とは，ある特定の状況や場面に直面した時に発生する消費者の価値とされている。例えば突然に雨が降ってきた場合，傘需要が増大することや，店舗でのセールで予定していなかったモノまで「つい」購買

してしまうといった消費者の行動がこれにあたる。このように「条件的価値（Conditional）」は状況依存的で偶然の出来事によりもたらされる消費であり，企業がイメージ戦略として恒常的にコントロールすることは難しい。そのため本節ではGBI戦略抽出過程からこれを除外した。

1. 機能訴求

　Sheth *et al.*（1991a, 1991b）は「機能的価値（Functional）」を，製品における機能的側面，実利的側面，または物理的性能側面によってもたらされた知覚であり，最も基本的な消費価値であるとしている。「機能的価値（Functional）」は，信頼性，品質，価格などによってもたらされる。オーディオの選択時に音質を気にすること，また自動車の購入時に燃費性能や価格を重視することなどがこれにあたる。

　Sweeney *et al.*（2001）は，彼らの「機能的価値（Functional）」が単純化しすぎであり，1つの消費価値として捉えるのは難しいとしている。また，より洗練したモデルを構築すべきであると主張している。そのうえで，Sweeney *et al.*（2001）は機能的価値が「価格」と「品質」に分類可能であるということを実証によって明らかにしている。そのため，本節でも機能的価値を「価格重視（Price）」，「品質重視（Quality）」の2つに分類した。そもそも価格と品質にはトレードオフ関係が存在している。消費者は両者のバランスを考慮しながら消費を行うのである。「価格」は消費者にとって製品を獲得するための犠牲であり，ネガティブな要素である。その一方で「品質」は消費者が受けとる恩恵であり，ポジティブな要素である。このように「価格」と「品

図表2-8　機能的価値の細分化

出所：古川（2011a），47頁。

質」では，消費者の知覚する価値が異なるのである。

　以上よりGBI戦略の視点においても同様に「価格訴求」,「品質訴求」の2つを用いる。「価格訴求」とはウォルマートの掲げる"Every day, Low price"や安さを訴求する"Private label"などといった，低価格のトリガーとなるような訴求がこれにあてはまる。一方で「品質訴求」とは，例えばPanasonicの"Let's note"が謳う高性能・高耐久性などといった，品質に関わる事実やデータの訴求がこれにあたる。

価格訴求：低価格イメージ。価格という消費者の犠牲や負荷といった所与の
　　　　　ネガティブ要素を低減させるための訴求。
品質訴求：高品質イメージ。物理的性能，実用性，信頼性，サービスの質と
　　　　　いった，消費者の受け取る恩恵，品質に関わる事実やデータの訴
　　　　　求。

2. 多様性・新規性訴求

　次に「認識的価値 (Epistemic)」について考える。「認識的価値 (Epistemic)」とは，好奇心，目新しさや知識的欲求によってもたらされる価値である。好奇心による他製品へのスイッチ，新製品や新サービスへ即座に飛びつくような消費行動がこれにあたる。つまり製品に多様性や新規性を求める消費価値である。そしてこれらは「バラエティシーキング（以下VSと略記）」,「ノベルティシーキング（以下NSと略記）」という概念として研究されてきた。先行研究において，一般的にVSは消費者の多様性探索行為を説明する枠組みと定義されている。またNSは，新しいモノやサービスの探索，既知の刺激中における多様性を探し求める行為を説明するものであり，Rogers (1976) は，新規性を求める消費行動を「イノベーションシーキング」とも呼んでいる。そして彼の新製品普及理論において，特にこの傾向が顕著な層をイノベーターと呼んでいる。なお，VSやNSの概念は重複する部分が大きいため，両者を総括して「バラエティシーキング」と呼ばれることも多い。

　これらの概念は，消費者による新しいモノや，今までと異なるモノへの欲求を基盤としている。この消費価値をうまく用いたブランドの例としては

Appleが挙げられる。同社の製品はiPhoneやiPadに代表されるように，新しい技術やシステムを利用したものが圧倒的に多い。Business Week誌「The 50 Most Innovative Companies」2010年版によれば，Appleは6年連続で首位を占めている。[70] このことは同社の製品ラインナップから，消費者はAppleに対して革新的なイメージを構築しているということを示唆している。また栗木（2002）によれば，SONYブランドに対して日本の消費者は「創造性」，「最先端」などといったイメージを持っており，購買時の選択にあたり「機能性」だけではなく，「新しさを味わうことができるか」などといった基準を重要視している。[71] 以上から「認識的価値（Epistemic）」に由来するGBI戦略は，消費者の製品多様性・新規性探索行動を考慮し次のように定義する。

多様性・新規性訴求：製品やサービスの多様性・革新的イメージ。豊富な製品バラエティや新技術・新システムなどといった新規性（変化）の訴求。

図表2-9　多様性・新規性訴求

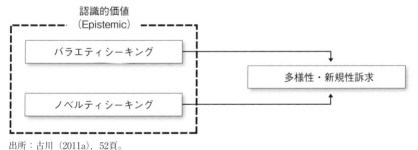

出所：古川（2011a），52頁。

3．社会性訴求

「社会的価値（Social）」とは，特定の社会集団と自分との関わり合いによってもたらされた価値である。[72] 例えば宝石などの顕示的商品の購入や，流行しているブランドを敢えて使用するといった「見せびらかし」や「他者と共有することが目的」の消費がこれにあたる。消費者は，社会的な文脈に基づいてブランドを購買し，ブランドを自己表現の手段として用いている。[73] そして消費者はブランドの購入・所有により，他人との差別化や卓越化を意図し，

他の人と同一化を図ろうとする。社会的文脈の中での自己表現という視点からみれば、「社会的価値（Social）」は「他者との差別化」ならびに「集団との同調」の2つに分類することが可能である。そしてこれらは経済学における消費外部性研究の「ヴェブレン型」,「スノッブ型」,「バンドワゴン型」効果によって説明が可能である。

ここで、「他者との差別化」については「ヴェブレン型」,「スノッブ型」、また「集団との同調」には「バンドワゴン型」効果が該当する（図表2-10）。Leibenstein（1950）は、これらの効果を次のように説明している。「ヴェブレン型」効果とは、名声や虚栄のためにブランドを消費する行動を表している。安価なものより敢えて高価なものを選択するのと同時に、高級品を指向する傾向があるのが特徴である。また「スノッブ型」効果とは、希少性を指向する消費行動である。流行しているものや、一般大衆が所持しているものとは別のものを持ちたいという傾向が特徴である。そして「バンドワゴン型」効果とは、他者との同調を指向する消費行動である。「スノッブ型」効果とは反対に、流行しているものを消費したり、憧れの人が利用しているものを消費したりする傾向が特徴である。なお、「ヴェブレン型」ならびに「スノッブ型」には、一般大衆との分離という考えが根底にあり、社会的ステータス獲得のための消費行動と捉えることができる。

柴田（1999）によれば、「集団との同調（バンドワゴン型）」は「積極的な同調」と「消極的な同調」により構成されているとしている。「積極的な同調」は、理想に近い人と同じブランドを使用する行動、また同一ブランドを所持・使用することによる仲間意識が挙げられている。一方で「消極的な同調」については、集団の話題についていけなくなることを避ける行為、周りが知らないブランドを所持・使用することの恥ずかしさなどが挙げられている。

以上から、社会的価値から抽出するGBI戦略は「集団訴求」と「ステータス訴求」の2つとする。「集団訴求」とは、例えば著名人が所持・使用することなどによる集団への帰属を喚起する訴求、「売り上げ」や「シェア」のナンバーワンを謳うなど、社会的集団における流行を訴求するものがこれにあたる。「ステータス訴求」とは、例えばRolexの時計などといった、ブランドを

所持・使用すること自体が成功の証となるようなイメージの訴求や，高級・希少性のあるブランドを所持・使用することによる大衆との差別化を訴求するものなどがこれにあたる。

集団訴求：大衆，流行イメージ。著名人が所持・使用することなどによる集団への帰属や，流行の訴求。
ステータス訴求：高級，希少性イメージ。ブランドを所持・使用することで得られる，社会的ステータスの訴求。

図表2-10　社会的価値の細分化

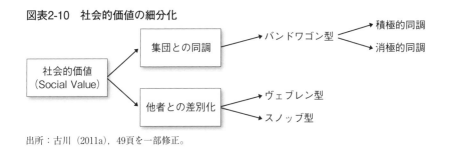

出所：古川（2011a），49頁を一部修正。

4. 感情訴求

　Sheth *et al.*（1991a, 1991b）によれば，「感情的価値（Emotional）」とは，気分や感情によってもたらされた消費者の価値と定義されている。これは楽しさ，興奮，ロマンス，情熱，怒り，恐怖などの感情に由来する価値である[81]。例えば，遊び心のある商品パッケージの消費や恐怖体験への欲求からもたらされるホラー映画の消費などがこれにあたる。このような感情的価値に関する研究は1980年代初頭に，消費者行動研究において「より主観的な要因」へのアプローチが行われるようになり活発化した[82]。Holbrook（1996）は消費価値の感情的な側面を「快楽価値（Hedonic）」という概念として捉え，消費体験，製品の美しさなどによる自己充足などを例示している。同様に，和田（2002）はこの側面を「感覚価値」という概念として捉え，サービス，パッケージ，広告などに感じる楽しさ，五感体験から得られる感動などを挙げている。

第1部　理論編

　このような消費価値を刺激するマーケティング手法として，近年「経験価値マーケティング」が用いられるようになってきた。これは五感を通して，消費者に情動を引き起こすような消費経験を提供するものである。情動を伴う消費経験の訴求については，ハーレー・ダビットソン社の例を挙げることができる。同社は大きな車体のバイクや独特のエンジン音などといった体験を，マーケティングコミュニケーションを通して全面的に訴求している。これらの体験を通して，同社は消費者に情緒的な関心をもたらすと同時に，「荒野を駆ける西部開拓時代のヒーロー」，「男らしさ」，「閉鎖的な状況からの自由」などといった感情に訴えかけるイメージを消費者に伝えているのである。またアパレル・ブランドのAbercrombie & Fitchでは，店舗内に香水の噴霧器を常設しており，独自にアレンジした音楽とともに，同社のイメージに沿って選出されたモデルが気軽に話しかけてくる。彼らは五感経験を通した楽しいイメージを消費者に訴求しているのである。このようにブランドは，感情を通したイメージを消費者に伝達することも可能である。

　以上から，「感情的価値（Emotional）」に由来するGBI戦略は「感情訴求」とする。これは消費経験，製品やそれに付随するサービスの楽しさなどといった感情に訴えかけるイメージの訴求である。

感情訴求：経験を通した感情に関わるイメージ。特にブランドと消費者間の
　　　　　人的なコミュニケーション活動によって得られる，五感経験を通
　　　　　した感情（楽しい，情熱的など）に関わるイメージの訴求。

図表2-11　感情訴求

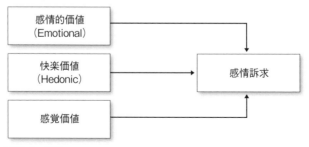

出所：古川（2011a），50頁。

5. 社会貢献訴求

　前節でも述べた通り，Holbrook（1996, 2006）の提唱する消費価値概念は，Sheth *et al.*（1991a, 1991b）の提唱する消費価値概念とその多くが重複している。しかし「利他的価値（Altruistic）」についてはSheth *et al.*（1991a, 1991b）の消費価値概念に構成されていない。ここでは「利他的価値（Altruistic）」を考慮し，より幅広いGBI戦略の要素を模索することにする。

　「利他的価値（Altruistic）」とは，他者へ貢献したいという欲求に由来する消費価値である[85]。例えば商品の売り上げの一部が社会貢献活動などに繋がっているような商品を，積極的に消費しようとする行動がこれにあたる。この消費行動は「社会的価値（Social）」と同様に，「ブランドによる自己表現」概念で説明可能である。柴田（2007）はブランドを自己表現の手段と捉え，その2つの側面として「他者への自己表現」と「内的自己表現」を挙げている[86]。「他者への自己表現」とは，「他者に対して自分に関するある特定の印象を与える行為」[87]である。そして「内的自己表現」とは，「自分自身に対して語りかけるような内的で自己完結的な自己表現」[88]である。ここで，前者が他者との関わり合いの中で自己表現を行うのに対し，後者の自己表現には他者との関わりが無い。私たちには「他者に見せる」という行為を伴わずしても，ブランドを所持することで「自己概念」または「アイデンティティ」を形成する側面があるとしている[89]。

　消費者は「利他的価値（Altruistic）」に由来する消費を通して他者に自己を表現し，他方で自己概念やアイデンティティを維持する。例えば環境に配慮している商品を購入し，それを持ち歩くことで，他者に対して「環境に配慮している自分」を表現することができる。また売り上げの一部が募金される商品の消費を通して，「人の役に立っている自分」という自らの望むアイデンティティを確立することもある。近年，「利他的価値（Altruistic）」を刺激する手法として，コーズ・マーケティングが行われている。この手法は，商品の売り上げの一部を「社会問題の解決」や「環境への貢献」へ費やすことを訴求して，消費意欲を喚起しようとするものである。このようにブランドは社会貢献イメージを通して「利他的価値（Altruistic）」を刺激することも可能である。よって，このGBI戦略は次のように定義する。

社会貢献訴求：他者への貢献イメージ。ブランド消費による社会や環境への貢献を訴求。

図表2-12　社会貢献訴求の位置付け

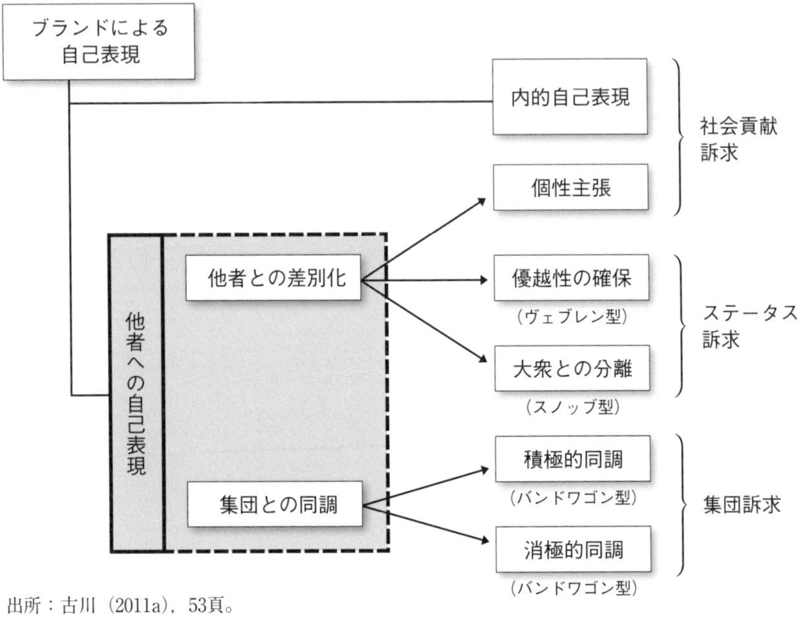

```
ブランドによる
自己表現
  ├──────────────────── 内的自己表現 ──┐
  │                                      │ 社会貢献
  │                          個性主張 ──┤ 訴求
  │                                      │
  └─ 他者への自己表現                     │
       ├─ 他者との差別化 ─── 優越性の確保 ─┐
       │                    （ヴェブレン型）│ ステータス
       │                    大衆との分離 ──┤ 訴求
       │                    （スノッブ型）  │
       │                                   │
       └─ 集団との同調 ─── 積極的同調 ──┐
                           （バンドワゴン型）│ 集団訴求
                           消極的同調 ──┤
                           （バンドワゴン型）
```

出所：古川（2011a），53頁。

III. まとめ

　これまでSheth *et al.*（1991a, 1991b）の消費価値概念を基盤としながら，GBI戦略を抽出してきた。抽出された要素は「価格訴求」，「品質訴求」，「多様性・新規性訴求」，「集団訴求」，「ステータス訴求」，「感情訴求」，「社会貢献訴求」の7つである。そして，これらをまとめたものが図表2-13a，図表2-13bである[90]。消費者を理解することで，ブランドはより適切なイメージ戦略を採用することができる。本節の意義は，Park *et al.*（1986）による「ブランド・イメージ・マネジメント」概念では捉えきれなかった「現代の多様化

図表2-13a　GBI戦略の7要素

ブランド・イメージ戦略	消費価値	研究者
価格訴求	機能的価値 (Functional)	Ahtola (1984) Dodds et al. (1991) Peter and Tarpey (1975) Sweeney and Soutar (2001) Zeithaml (1988)
品質訴求		
多様性・新規性訴求	認識的価値 (Epistemic)	Hirschman (1980) McAlister (1982) McAlister and Passemier (1982) Rogers (1976) 小川 (2005)
集団訴求	社会的価値 (Social)	Kotler (1965) Leibenstein (1950) Levy (1959) 梅本 (1995) 柴田 (1999, 2003, 2004, 2007) 杉本 (1993)
ステータス訴求		
感情訴求	感情的価値 (Emotional)	Holbrook (1996, 2006) Holbrook and Hirschman (1982) Pine and Gilmore (1999) Schmitt (1999, 2003)
社会貢献訴求	利他的価値 (Altruistic)	Holbrook (1996, 2006) 柴田 (2007)

出所：古川 (2011a), 54頁を一部修正。

したGBI戦略」を説明可能にしたところにある。また7つのGBI戦略要素は，マーケターやブランド・マネージャーに選択肢を提供し，マーケティング手法選択の一助となるものである。

　企業は海外市場で展開するにあたって，対象国の状況がどのようになっているのかを詳細に理解する必要がある。そのうえで多様なGBI戦略，そしてそれに伴う適切なグローバル・マーケティングを活用し，消費者に価値を訴求しなければならない。Ghemawat (2007) は国の異質性（国家間の差異）が「文化的」，「制度的」，「地理的」，「経済的」な視覚によって説明可能であるとしている。本書では，各国における有効なGBI戦略を考慮するにあたって，文化の概念を検討することにする。文化の概念は，消費者の購買行動に大きな影響をもたらしていると考えられる。そこで，まず次章において，文

図表2-13b　消費価値研究とGBI戦略

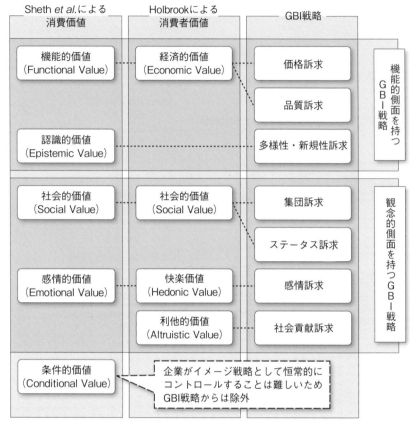

出所：筆者作成。

化特性とGBI戦略の関係を明らかにし，どのような文化圏にどのようなGBI戦略を訴求したら効果的かを検討することにする。

〈注〉

1　Money *et al.*（1998），Pine and Gilmore（1999），Kotler *et al.*（2007）を参照。
2　長沢（2002）1-25頁。
3　Kotler *et al.*（2007）邦訳，253-264頁。
4　Pine and Gilmore（1999）邦訳，102-106頁。Abercrombie & Fitchでは"Five Energy Senses"

と銘打ち，五感を用いた経験価値マーケティングを行っている．
5　Gardner *et al.*（1955）pp.36-37.
6　Wind（1973）pp.2-11，Shocker and Srinivasan（1979）pp.159-180.
7　Keller（1993）pp.1-22.
8　ここでの定義はPark *et al.*（1986）pp.135-136，Roth（1992）p.25，Keller（1993）p.3を参考にしている．
9　Woods（1960）pp.15-19，Midgley（1983）pp.74-75.
10　Park *et al.*（1986）p.136.
11　ここでのパフォーマンス指標は売り上げである．
12　暗黙の情報を読み取る割合．多くの情報を言語化する文化特性のことを「低コンテクスト文化」，言語化されない情報が多く，文脈などから読み取ることでコミュニケーションを行う文化特性のことを「高コンテクスト文化」という．一般的に，前者は西洋に多く，後者は東洋に多いとされている．詳細はHall（1983）邦訳，79-102頁を参照．
13　消費財においては多様なブランド・イメージ戦略が用いられる．そのため，彼は消費財を対象とした．分析対象国は，アルゼンチン，ベルギー，中国，フランス，ドイツ，日本，イタリア，オランダ，ペルー，ルーマニア，ユーゴスラビアの11か国．
14　Roth（1995a）を参照．詳細は以後に述べる．
15　マーケティングに関する多くの先行研究では，パフォーマンス指標としてマーケットシェアが用いられている．Ryans（1988），Smith and Park（1992），Szymanski *et al.*（1993），Kim and Chung（1997）を参照．
16　Hofstede（1991），Lynn *et al.*（1993）p.482を参照．
17　Hofstede（1991）邦訳，27頁．
18　Hofstede（1991）邦訳，23-26頁．
19　Hofstede（1991）邦訳，51頁．
20　Hofstede（1991）邦訳，51-54頁．
21　Hofstede（1980a）p.48，Hofstede（1980b）邦訳，224頁，Hofstede（1991）邦訳，68頁，Hofstede *et al.*（2010）pp.112-117.
22　Hofstede（1980a）p.48，Hofstede（1980b）邦訳，224頁，Hofstede（1991）邦訳，68頁，Hofstede *et al.*（2010）pp.112-117.
23　Hofstede（1991）邦訳，85-89頁．
24　Hofstede（1980a）p.49，Hofstede（1980b）邦訳，273頁，Hofstede（1991）邦訳，99-100頁，Hofstede *et al.*（2010）pp.163-175.
25　Hofstede（1980a）p.49，Hofstede（1980b）邦訳，273頁，Hofstede（1991）邦訳，99-100頁，Hofstede *et al.*（2010）pp.163-175.
26　Hofstede（1991）邦訳，119頁．
27　Hofstede（1991）邦訳，119-120頁．
28　Hofstede（1980a）p.47，Hofstede（1980b）邦訳，179頁，Hofstede（1991）邦訳，133頁，Hofstede *et al.*（2010）pp.197-208.
29　Hofstede（1980a）p.47，Hofstede（1980b）邦訳，179頁，Hofstede（1991）邦訳，133頁，Hofstede *et al.*（2010）pp.197-208.
30　「権力格差」，「個人主義―集団主義」，「不確実性の回避」のデータは，Hofstedeの調査資料を情報源としている．Roth（1995a）では，なぜ「男性らしさ―女性らしさ」の指標を用いなかったかについては明記されていない．ただし消費者ニーズとブランド・イメージに特に関わる

ものとして「権力格差」,「個人主義―集団主義」,「不確実性の回避」を挙げていることから,Roth (1995a) にとって「男性らしさ―女性らしさ」の指標はそれらほど消費者ニーズやブランド・イメージに関わりのあるものとして認識していなかったと推察される。
31 アルゼンチン,ベルギー,中国,フランス,ドイツ,日本,イタリア,オランダ,ペルー,ユーゴスラビアの10か国。
32 ここで彼は社会経済を各国国内市場での状況を意味する「各国の社会経済」と国境を超えた「市場間の社会経済」の2つに細分化している。
33 Roth (1995b) p.63.
34 Gardner and Levy (1955) p.38, Park et al. (1986) p.135, Keller (1998) 邦訳, p.728, Hsieh (2002) p.47.
35 Sheth et al. (1991a) pp.16-23.
36 Woods (1960) pp.15-19.
37 Woods (1960) p.18.
38 Park et al. (1986) は,まずブランド・イメージの中核となるもの(ブランド・コンセプト)を選択し,それに見合ったマーケティング戦略を通して消費者へイメージを訴求するモデルを構築した。
39 白井 (2006) 15頁,越川 (2010) 56-62頁。
40 Sheth et al. (1991b) p.160.
41 和田 他 (1996) 103頁。
42 Holbrook and Hirschman (1982) pp.132-140, Holbrook (2006) p.714, 内田 (2008) 37頁。
43 Sweeney and Soutar (2001) p.205, Mathwick et al. (2001) p.40, Pura (2005) p.515.
44 Sheth et al. (1991a) pp.23-29.
45 Sheth et al. (1991b) p.168, Sweeney and Soutar (2001) pp.203-220, Pura (2005) pp.509-538.
46 Sheth et al. (1991b) pp.159-160.
47 Holbrook (1996) pp.138-142, Holbrook (2006) pp.714-725.
48 日戸・塩崎 (2001) 218-233頁。
49 青木 (1997) 342-350頁。
50 和田 (2002) 19-27頁。
51 和田 (1997) 60頁。
52 和田 (1997) 59頁。
53 Sheth et al. (1991a, 1991b), Sweeney and Soutar (2001), Mathwick et al. (2001), Lin et al. (2005), Pura (2005) を参照。
54 Keller (1993) p.3.
55 「ブランド・アイデンティティを,消費者に対して訴求する戦略」と換言することもできる。
56 Howard (1977) p.28.
57 イメージ戦略としてコントロールすることは難しいが,「条件的価値(Conditional)」をうまく用いて消費に繋げようとする試みは存在する。詳しくはUnderhill (2000) を参照。
58 Sheth et al. (1991a) p.18, Sheth et al. (1991b) p.160.
59 Sweeney and Soutar (2001) p.204.
60 Sweeney et al. (1999) p.79.
61 Peter and Tarpey (1975) pp.29-37.
62 Dodds et al. (1991) pp.307-319, Sweeney and Soutar (2001) p.206, Ahtola (1984) pp.623-

626.
63 Zeithaml（1988）p.15.
64 Sheth *et al.*（1991a）p.21, Sheth *et al.*（1991b）p.162.
65 Sheth *et al.*（1991a）pp.62-69, Sheth *et al.*（1991b）p.161.
66 小川（2005）36頁, McAlister（1982）pp.141-142. なお「バラエティシーキング」の詳細なモデルについては, McAlister and Passemier（1982）を参照。
67 Hirschman（1980）p.284, Rogers（1976）pp.292-294.
68 Rogers（1976）pp.292-294.
69 Hirschman（1980）p.284.
70 Arndt and Einhorn（2010）pp.34-40. なおこの調査は, 革新的な企業に関する自由連想アンケートに基づいて作成されている。
71 栗木（2002）18-23頁。
72 Sheth *et al.*（1991a）p.19, Sheth *et al.*（1991b）p.161.
73 Levy（1959）pp.117-124, 柴田（2004）101頁, 柴田（2007）185頁。
74 梅本（1995）39頁, 杉本（1993）101-105頁。
75 自己表現手段としてのブランドが,「他者との差別化」,「集団との同調」などに分類可能であるという研究については, 梅本（1995）, 杉本（1993）, 柴田（1999）, 柴田（2003）を参照。
76 一般的にこれは「顕示的消費行動」, また「衒示的消費行動」と呼ばれる。
77 Leibenstein（1950）p.189, Kotler（1965）pp.42-44.
78 Leibenstein（1950）p.189.
79 Leibenstein（1950）p.189.
80 柴田（1999）75-78頁。
81 Sheth *et al.*（1991a）p.20, Sheth *et al.*（1991b）p.161.
82 代表的な研究については, Holbrook and Hirschman（1982）を参照。
83 経験価値マーケティングについての研究はSchmitt（1999）, Schmitt（2003）, Pine and Gilmore（1999）を参照。
84 Aaker（1996）邦訳, 176-180頁。
85 Holbrook（1996）p.140, Holbrook（2006）p.716.
86 柴田（2007）197-212頁。
87 柴田（2007）209頁。
88 柴田（2007）209頁。
89 柴田（2007）208-209頁。
90 図表2-13bに記載している機能的側面を持つGBI戦略, ならびに観念的側面を持つGBI戦略については後述する。

3章
文化とGBI戦略

第1節　文化研究の変遷と仮説

　冒頭でも述べた通り，日本企業の多くが製品やサービスにおける品質や機能の向上に競争優位の源泉を見出し，高品質・高機能の製品を消費者に提供してきた。しかし企業の国際的な活動の増加に伴い，市場に多様な消費者が出現することで，このような努力が必ずしも結実しないという現実が生じている。つまり製品やサービスにおける日本企業の高品質・高機能依存は，国際展開を行う上での障害になる場合があるのだ。本書ではこれまで品質や機能性といった側面に限らない多様なGBI戦略を提示してきた。本節ではこれまでに抽出した7つのGBI戦略がどのような文化圏で効果的であるのかを理論的に検討することを目的としている。文化の概念には，Hofstede et al. (2010)の提示する最新の国民文化概念を用いた。

I. 文化研究の変遷

　本節ではGeert Hofstede（以下，Hofstede）の文化概念を用いて，各文化圏におけるGBI戦略の有効性を検討する。彼の文化概念は強固なものとして捉えられており，グローバル・マーケティング分野の研究でも用いられてきた。また彼の文化概念は現代的有効性も高く，これまでに多様な分野の研究で数多く引用されている。その理由を文化研究の変遷と共に以下で述べる。

1. Hofstedeの国民文化研究

　Hofstedeは文化を「ある環境下における人々の，集合的な心のプログラム」と定義している。そのうえで彼は1968年から1978年にかけて，全世界の11万6000人を超えるIBM社員を対象に調査を行い，文化差異を分析した。その結果，「権力格差」，「個人主義―集団主義」，「男性らしさ―女性らしさ」，「不確実性の回避」といった4つの文化特性を抽出した。彼の抽出した4つの文化特性はその後，主に社会科学の分野における国際的な研究に多く用いられた。しかしその一方で，1960年代から70年代にかけて行われた彼の文化研究は古く，その現代的有効性が問われている。また彼の研究では，サンプルの多くがマーケティングとサービス部署における男性から抽出されている。そのため，男女比や組織が異なった場合でも同じような結果が抽出されるのかといった事も疑問視されている。そこで次項よりHofstedeの研究が発表された1980年以降の文化研究を追いながら，この問題を検討していくことにする。

2. 1980年以降の文化研究

（1） Chinese Value Survey（CVS）

　1980年代までに行われていた文化研究や価値観研究は，被験者に対する質問票が西洋人向けに作成されていたことが問題であった。Michael H. Bond（以下，Bond）は1980年代末，東洋人向けに質問票を改定することでこの問題を解消し，世界23か国の学生，約2300人を対象に価値観調査を行った。この改訂された質問票による調査はChinese Value Survey（CVS）と呼ばれている。そしてCVSを行った結果，4つの特性が抽出された。それらは「道徳的規律」，「統合」，「人間らしさ」，「儒教的ダイナミズム」である。その後，BondとHofstedeが共にCVSを分析した結果，「道徳的規律（CVS）」と「権力格差（Hofstede）」，「統合（CVS）」と「個人主義―集団主義（Hofstede）」，そして「人間らしさ（CVS）」と「男性らしさ―女性らしさ（Hofstede）」のそれぞれの特性に関連性があることが確認された。なおCVSで抽出された残りの特性である「儒教的ダイナミズム」は，東洋だけでなく西洋の思想においても認識されている。それにも関わらず，従来のHofstedeによる文化概念では説明できなかったため，Hofstede（1991）はこれを「長期志向―短期志

向」と命名し，5つ目の特性として新たに採用した。CVSの調査はHofstede[13]の調査と実施時期が異なるだけでなく，男女の割合，そして異なるサンプルを対象としている[14]。それにも関わらず，「不確実性回避」以外の特性が重なり合っていたということは特筆すべきことである。

（2）Schwartz Value Survey

イスラエルの心理学者であるShalom H. Schwartz（以下，Schwartz）は，1988年から1993年にかけて世界49か国（1か国につき約122人），6年間で約3万5000人を対象とした価値観調査を行った[15]。その結果，彼はまず個人レベルの価値観として10の特性を抽出した。そしてその後，彼は文化レベルに研究をまとめ，10あった特性を7つの特性に集約した[16]。それらは「保守主義」，「感情的自律」，「知的自律」，「階層性」，「平和主義的コミットメント」，「支配」，「調和」である。なお，Schwartzによる文化レベルの7特性とHofstedeによる4つの文化特性（「長期志向—短期志向」を含まない）を比較分析した場合，すべての特性において関連性が確認されている[17]。それぞれの対応は「保守主義（Schwartz）」と「集団主義（Hofstede）」，「感情的自律（Schwartz）」と「個人主義（Hofstede）」，「知的自律（Schwartz）」と「弱い不確実性回避（Hofstede）」，「階層性（Schwartz）」と「大きい権力格差（Hofstede）」，「平和主義的コミットメント（Schwartz）」と「小さい権力格差（Hofstede）」，「支配（Schwartz）」と「男性らしさ（Hofstede）」，「調和（Schwartz）」と「女性らしさ（Hofstede）」である[18]。このようにSchwartzの文化研究では，Hofstedeの文化概念に対応する特性が確認された。

（3）Trompennarsの文化概念とGLOBE調査

オランダ人のFons Trompenaars（以下，Trompenaars）は，1950年代から1960年代におけるアメリカの社会学者達によってもたらされた概念的な区別を用いて7つの文化特性を提示した[19]。それらは「普遍主義―個別主義」，「個人主義―共同体主義」，「関与特定的―関与拡散的」，「感情中立的―感情表出的」，「達成型地位―属性型地位」，「内部志向―外部志向」，「時間志向性」である[20]。そして彼は1980年代後半から1990年代前半にかけて，50か国の会社員，

約3万人を対象に，この文化特性に関するデータを収集した[21]。Trompenaarsの文化特性を実証しようとした研究は少ないが，その1つにおけるSmith and Dugan（1996）による分析では，Trompenaarsの「個人主義―共同体主義」とHofstedeの「個人主義―集団主義」における関連性が確認されている[22]。

その後，1994年から1997年にかけて，Hofstedeの文化概念と関連性の深いGLOBE調査が行われた。この調査はアメリカのRobert J. House（以下，House）によるもので，世界62か国の食品加工業，金融，通信サービス業における951団体のミドルマネージャー，約1万7000人のサンプルを対象としたものである[23]。GLOBEとは，Global Leadership and Organizational Behavior Effectivenessの略であり，文化がどのように組織のリーダーシップに影響するかについての分析を目的としていた[24]。またHouseはGLOBE調査を基にして，リーダーシップに焦点をあてた分析だけではなく，国家や組織の文化に関する分析も行っている。GLOBE調査はHofstedeの5つの文化特性を拡張するため，まず9つの特性を理論的に導出した[25]。またこの9つの特性は「慣習」と「価値観」といった2つの側面に分類され，最終的に18の特性にまで細分化された。9つの特性とは，「権力格差」，「不確実性回避」，「制度的な集団主義」，「排他的な集団主義」，「自己主張的」，「性別平等主義」，「将来志向」，「人間性志向」，「成果志向」である[26]。そして，この18の特性を基に実証が行われた。Hofstede（2006）は，GLOBE調査の結果と彼自身の文化特性の関係を分析している。その結果，両者の研究結果に強い関連性が確認されている。GLOBE調査はHofstedeの文化概念の発表から約25年後に実施されたものであり，かつ質問票も回答者も異なる。しかし，GLOBE調査の結果はHofstedeの「男性らしさ―女性らしさ」を除いたすべての文化特性を強く支持するものであった。GLOBE調査はHofstedeによる文化研究の理解をさらに深めることに貢献している。

（4） World Values Survey（WVS）

世界中の社会科学者や企業が協力して行う大規模な価値観調査がWorld Values Survey（WVS）である。WVSはアメリカのRonald Inglehartによって組織されており，1981年から2008年にかけて5回の世界的調査を行ってい

る[27]。これまでに世界90か国（1か国につき約1,000サンプル），約25万7,000人を対象にデータが収集された。WVSは，環境，経済，教育，人々の感情，家族，性別，性的関心，幸福，健康，余暇，友情，モラル，宗教，社会，政府と政治，仕事といった多岐にわたる人々の価値観を調査しており，調査結果をWeb上で公開している[28]。

　ブルガリアのMichael Minkov（以下，Minkov）は2007年，WVSの膨大な調査結果を詳細に分析することで3つの文化特性を抽出した。それらは「排他主義―普遍主義」，「物質主義―謙虚さ」，「気ままさ―自制」である[29]。Minkovはその後，Hofstedeと共に文化研究を行い，「排他主義―普遍主義（Minkov）」と「集団主義―個人主義（Hofstede）」，また「謙虚さ―物質主義（Minkov）」と「長期志向―短期志向（Hofstede）」の関連性を確認した[30]。しかしMinkovの「気ままさ―自制」の特性は，Hofstedeによる5つの文化特性では説明のできない要素であった。そのためHofstede *et al.*（2010）は，6つめの文化特性として「気ままさ―自制」を採用した[31]。また，Hofstede and Minkov（2010）はWVSのデータを用いて，Hofstedeによる「長期志向―短期志向」の国家スコアを更新することに成功した。これまでの「長期志向―短期志向」は，23か国の国家スコアしか得られていないことが問題であった。しかしHofstede and Minkov（2010）によって93か国の「長期志向―短期志向」スコアが得られるようになった[32]。

　以上，1980年以降の文化研究を追ってきた。これまでの文化研究はHofstedeによる文化研究の成果と矛盾するものではなく，むしろ彼の文化特性を維持し，拡大してきている。彼の文化特性は時代と共に進化してきた。このことからHofstedeによる文化特性の現代的有効性が確認できる。さらにHofstedeは時代による文化特性の変化について次のように述べている。「仮に文化特性が変化していたとしても，その変化はすべての国々において一斉に発生しており，文化スコアの相対的な位置は無傷である」[33]。このことは，Hofstede自身が第三者による客観的かつ実測的な指標を用いて確認している[34]。

II. 各文化圏におけるGBI戦略

　前節で述べてきた通り，Hofstedeの提示する文化特性は現代的有効性が高く，強固なものである。さらに彼の文化特性は，グローバル・マーケティングのための分析でも有用であるとされている[35]。そこで本節ではHofstedeによる6つの文化特性（「権力格差」，「個人主義―集団主義」，「男性らしさ―女性らしさ」，「不確実性の回避」，「長期志向―短期志向」，「気ままさ―自制」）を用いて，各文化圏におけるGBI戦略の有効性を検討する。なお2章において，過去のグローバル・ブランド・イメージ（GBI）研究で用いられたHofstedeの4つの文化特性を紹介した。本節ではまずHofstede *et al.*（2010）の最新の成果を取り入れて，既存の4特性に加え，新しく追加された2特性を示すことにする。

1. 国民文化概念に追加された2特性
（1）長期志向―短期志向
　「長期志向―短期志向」は次のように定義されている。長期志向は，忍耐や倹約といった「将来の報酬を得るために必要な活動」を志向する社会を表しており，短期志向は，伝統，面子の維持，そして付き合いを果たすといった「過去や現在に関係した活動」を志向する社会を表している[36]。長期志向は，西アジアやヨーロッパ圏の国々で多く見られる。一方で短期志向は，カナダ，ニュージーランド，アメリカ，オーストラリアといったアングロ系の国々，中東，アフリカ，南アメリカの国々に多い[37]。

　長期志向の社会では，人々は将来性を重視しているため，長い時間をかけてでも辛抱強く努力しようとする。また資源を節約し，費用を抑え金銭の無駄遣いを避けようとする傾向にあり，貯蓄に励むという特徴を持っている[38]。そのため長期志向の社会では，大量消費を避け，1つのものを長く利用しようとする傾向があると考えられる。長期的にブランドを利用し，無駄な支出を避けるためにも，ある程度価格が高くても品質の良いブランドを購入しようとする傾向があると想定される。また，価格と品質にはトレードオフの関係が存在しているため，低価格のブランドは敬遠されることが想定される。一

方で短期志向の社会では,早く結果を出すことが重視されている。短期志向の社会における人々は,貯蓄が少なく,消費に投資できる資金が少ないとされている。さらに人々は仲間との付き合いやステータスに関心を持ち,面子にこだわっている。また他者に負けないように見栄をはることが倹約や忍耐よりも重要視されている。

(2) 気ままさ―自制

「気ままさ―自制」は,次のように定義されている。気ままさとは,人生を楽しみ,楽しい時間を過ごすために必要な,人間の基本的で自然な欲求を充足させることに開放的な傾向である。一方で自制とは,厳格な社会的規範により,そのような欲求が抑制され,規制される必要があると信じる傾向を表している[39]。気ままさの傾向は,ラテンアメリカの北部や西アフリカの国々で多い。そして自制の傾向は,西・南アジアや西ヨーロッパ諸国に多い[40]。

気ままさを志向する社会では,人々は「楽しさ」に関連した活動を大切にする。余暇を気ままに過ごすことに価値を置き,浪費を厭わず楽観的である。またこの社会では,ビールやソフトドリンク,ジャンクフードといった嗜好品の消費量が多い。一方で自制を志向する社会では,人々は行動が様々な社会的規範によって制約されるべきであり,娯楽,浪費,そしてそれに類似した道楽は間違っていると感じる。倹約を重要視しており,相対的に悲観的である。また自制を志向する社会では,伝統的なやり方・形式を変えずに社会の永続性,耐久性を確保しようとする[41]。自制を志向する社会では大量消費等による社会変容は受け入れられず,むしろ社会環境に配慮されたブランドを消費することで持続的な社会や環境を実現することを重要視すると考えられる。

2. 仮説

本書では2章で,消費者行動研究における Sheth *et al.*(1991a, 1991b)の消費価値概念を基盤に現代の多様化したブランド・コンセプト(GBI戦略の中核となるもの)を整理し,企業が採用可能な7つのGBI戦略を抽出した[42]。抽出したGBI戦略は,「価格訴求」,「品質訴求」,「多様性・新規性訴求」,「集団

訴求」,「ステータス訴求」,「感情訴求」,「社会貢献訴求」である。前章と同様にそれぞれの概要を示したうえで，各国民文化圏において効果的なGBI戦略について仮説を提示する。

なおこれ以降，7つのGBI戦略を機能的な側面と観念的な側面に大別している。機能的な側面とは，目に見える点から発生するGBI戦略である。ここには価格訴求，品質訴求，多様性・新規性訴求を含めている。表示されている価格や，製品の品質・機能性，そして豊富なブランドの種類や革新性といった要素は目に見えるものである。一方で観念的な側面とは，カタチの無い対象から発生するGBI戦略である。ここには集団訴求，ステータス訴求，感情訴求，社会貢献訴求が該当する。準拠集団がもたらす社会的な影響や五感経験によってもたらされる感情は目で見たり触ったりすることができないものである。次章以降では便宜的に7つのGBI戦略をこの2つに分けて検証結果を示すこととする。

〈機能的側面を持つGBI戦略〉
価格訴求：低価格イメージ。価格という消費者の犠牲や負荷といった所与の
　　　　　ネガティブ要素を低減させるための訴求。
品質訴求：高品質イメージ。物理的性能，実用性，信頼性，サービスの質と
　　　　　いった消費者の受け取る恩恵。品質に関わる事実やデータの訴求。
多様性・新規性訴求：製品やサービスの多様性・革新的イメージ。豊富な製
　　　　　品バラエティや新技術・新システムなどといった新規性（変化）
　　　　　の訴求。

〈観念的な側面を持つGBI戦略〉
集団訴求：大衆，流行イメージ。著名人が所持・使用することなどによる集
　　　　　団への帰属や，流行の訴求。
ステータス訴求：高級，希少性イメージ。ブランドを所持・使用することで
　　　　　得られる，社会的ステータスの訴求。
感情訴求：経験を通した感情に関わるイメージ。特にブランドと消費者間の
　　　　　人的なコミュニケーション活動によって得られる，五感経験を通

した感情(楽しい,情熱的など)に関わるイメージの訴求。
社会貢献訴求:他者への貢献イメージ。ブランドの消費による社会や環境への貢献を訴求。

なお仮説の導出に際して,各GBI戦略のパフォーマンス指標にはマーケットシェアを用いている。詳細は後述する。

(1) 価格訴求に関わる仮説

　価格訴求に関連する国民文化特性は特に長期志向―短期志向と気ままさ―自制の2つである。長期志向の社会では,人々は将来性を重視し,長い時間をかけてでも辛抱強く努力するという特徴がある。そのために人々は資源を節約し,無駄な出費を抑えて金銭の無駄遣いを避けようとする。また貯蓄に励むといった特徴を持っている。以上の特徴から,長期志向の社会において消費者は1つのブランドを長期的に使おうとする傾向があることが想定される。1つのブランドを長期的に使うことで,資源の節約ができるだけでなく将来的に無駄な出費も抑えることができる。長期的に利用できるブランドとは,耐久性や持続性,アフターサービスの充実といった品質の高いブランドである。Sweeney *et al.* (1999) によれば,価格と品質との間にはトレードオフ関係が存在するとしている[43]。また製品群によっても異なるが,価格は消費者にとって品質バロメーターとしての役割を担っている[44]。以上より,長期志向の社会では価格訴求が負の影響力を持っていることが予想される。一方,短期志向の社会では,人々は将来性よりもすぐに結果を出すことを重視しており,仲間との付き合いに関心を持つとされている。金銭的に赤字になったとしても付き合いのために浪費するという特徴があり,貯蓄の少ない人が多いとされている。Mooij (2004) によれば,短期志向の社会では消費者は「〜% off」といった訴求により消費活動が促進されることが示唆されている。Hofstede (1991) によれば,短期志向の社会では人々は,長期的な考え方を持たず浪費の特徴があり,貯蓄が少なく,かつ消費に回せる資金が少ないことが示されている。そのため,消費者はできるだけ手ごろな価格のブランドを消費しようとすることが考えられる。以上より,短期志向の社会では価格訴求が正の

影響力を持っていると予想される。

　気ままさ―自制に関しては，自制と価格訴求に関連がある。自制を志向する社会では，人々は行動が様々な社会的規範によって制約されるべきであり，娯楽，浪費，そしてそれに類似した道楽は間違っていると感じる傾向にある。また倹約を重要視しており，相対的に悲観的であるという特徴が挙げられている。ここでは短期志向の社会とは異なり浪費を否定して倹約を重視している。倹約とは，無駄を省いて出費をできるだけ少なくすることである。ここまでは長期志向の社会における特徴と類似している。しかしここでは長期志向の社会で挙げられていた将来性の考慮や資源の節約といった特徴は示されていない。自制を志向する社会においては，倹約のためには将来性や資源の節約を必ずしも考慮する必要が無いのである。価格という要素は消費者にとって，ブランドを獲得するための犠牲でありネガティブな要素である。[45] このネガティブな要素を軽減させる訴求が，自制を志向する社会が持つ倹約の考え方に合致する。以上より，自制を志向する社会では価格訴求が正の影響力を持っていることが予想される。

仮説1-1a　長期志向の社会では，価格訴求が強いほどマーケットシェアが低くなる。

仮説1-1b　短期志向の社会では，価格訴求が強いほどマーケットシェアが高くなる。

仮説1-1c　長期志向から短期志向の社会になるほど，価格訴求はマーケットシェアを高める。

仮説1-2　自制を志向する社会では，価格訴求が強いほどマーケットシェアが高くなる。

（2）品質訴求に関わる仮説

　品質訴求に関連する国民文化特性は特に個人主義―集団主義，男性らしさ―女性らしさ，不確実性回避，長期志向―短期志向の4つである。個人主義―集団主義では，特に個人主義と品質訴求に関連がある。国民文化特性とGBI戦略の関係性を検討した2章では，個人主義と品質訴求の関係性に言及しなか

った。しかしGBI戦略とマーケットシェアの関係性を検証したRoth（1995a）の定量的研究では，品質訴求が含まれる機能的（Functional）が個人主義社会において有効に作用するという結果が出ている。Roth（1995a）はこの結果に対して解釈を示してはいないものの，これは個人主義社会には低コンテクスト文化という特徴を持った国が多いことに関係しているためだと考えられる。Hofstede（1991）によれば，個人主義社会に属する国々で共通する特徴点として，低コンテクスト文化を持っていることを挙げている[46]。コンテクスト文化という概念はHall（1983）が提唱した概念であり，暗黙の情報を読み取る度合いが文化特性によって異なることを示している。低コンテクスト文化を持つ国では多くの情報を言語化する特徴があるため，文脈を読むという習慣が無い。一方で高コンテクスト文化を持つ国では，言語化されない情報が多く，文脈などから意味を読み取ることでコミュニケーションを行う習慣がある。低コンテクスト文化の傾向を持つとされる個人主義社会では，ブランドに関する多くの情報が言語化されて事実やデータとして示されることが重要である。そして品質訴求は，品質に関わる事実やデータを訴求するものである。以上より，個人主義社会では品質訴求が正の影響力を持っていると考えられる。

男性らしさ―女性らしさでは，特に男性らしさと品質訴求に関連がある。男性らしさを持つ社会では，人々は自己主張，競争といった目的を持っており，男女の社会的な役割が決められている傾向がある。また野心的で強さを志向し，物質的な成功や進歩を目指しているという特徴を持つ。Hofstede（1991）は男性らしさと女性らしさの傾向に応じて，産業の得意分野も異なっていることを示唆している[47]。男性らしさを持つ社会においては，効率性や高品質，迅速性が必要とされる製造業を得意分野としている。一方で女性らしさを持つ社会においては，コンサルタントや輸送業等といったサービス業を得意としている。このことから男性らしさを持つ社会では，人々は相対的に効率性や高品質といった点を重視することがわかる。またHofstede *et al.*（2010）によれば，男性らしさを持つ社会において消費者が自動車を購買する場合，事実やデータに興味・関心を持つことが示されている[48]。以上より，男性らしさを持つ社会では品質訴求が正の影響力を持っていると考えられる。

不確実性回避については，この傾向が強い場合に品質訴求と関連がある。不確実性回避が強い社会においては，曖昧さや自分の持つ不安をすぐに解消したいという欲求が強い傾向にある。人々にとって不確実性という存在は脅威とみなされており，取り除かれなければならないものと考えられている。人々は不確実性を取り除くために努力することで安心を求める。一方で，不確実性の回避が弱い社会においては，人々にとって不確実性という存在は脅威ではなく，曖昧な状況であっても，危険についてよくわからなくても比較的平気であるといった傾向がある。その点で品質に関する事実やデータを訴求する品質訴求は，消費者の抱えるブランドに対する曖昧さを解消する効果があると考えられる。以上より，不確実性の回避が強い社会では品質訴求が正の影響力を持っていると考えられる。

長期志向—短期志向については，特に長期志向と品質訴求に関連がある。長期志向の社会では，人々は将来性を重視し，長い時間をかけてでも辛抱強く努力するという特徴がある。そのために人々は資源を節約し，無駄な出費を抑えて金銭の無駄遣いを避けようとする。また倹約志向で貯蓄に励むといった特徴を持っている。以上の特徴から，長期志向の社会において消費者は1つのブランドを長期的に使おうとする傾向があることが想定される。1つのブランドを長期的に使うことで，資源の節約ができるだけでなく将来的に無駄な出費も抑えることができる。この点が長期志向の社会における人々の考え方に合致する。長期的に利用できるブランドとは，耐久性や持続性，アフターサービスの充実といった品質の高いブランドである。以上より，長期志向の社会では品質訴求が正の影響力を持っていると考えられる。

仮説2-1　個人主義社会では，品質訴求が強いほどマーケットシェアが高くなる。

仮説2-2　男性らしさを持つ社会では，品質訴求が強いほどマーケットシェアが高くなる。

仮説2-3　不確実性回避が強い社会では，品質訴求が強いほどマーケットシェアが高くなる。

仮説2-4　長期志向の社会では，品質訴求が強いほどマーケットシェアが高

第1部　理論編

くなる。

（3）多様性・新規性訴求に関わる仮説

多様性・新規性訴求に関連すると想定される国民文化特性は不確実性回避の指標である。不確実性回避の傾向は，曖昧さや不安といった気持ちに対して人々がどのように対処するかによって分けられる。不確実性回避の傾向が強い場合，人々は不確実な要因をすぐに取り除きたいという考えが強く，曖昧であったり不安であったりする状況に耐えることが難しい。保守的な価値観を持っており逸脱しているものを危険視する傾向がある。そのため，新しい商品や技術を受け入れるのにためらいがあるとされている[49]。これらの傾向から，不確実性回避の傾向が強い社会においては，多様性・新規性訴求が負の影響力を持つことが考えられる。多様性・新規性訴求は，ブランドの多様性や新しさを訴求することで消費者に対し変化を提案するものである。不確実性回避の傾向が強い社会では，新しい変化は不確実性を多く含む存在と認識される。そのため多様性・新規性訴求は不確実性回避の傾向が強い社会の考え方と一致せず，むしろパフォーマンスの向上に逆効果をもたらすことが考えられる。

一方で不確実性回避の傾向が弱い場合，人々は不確実な要因が存在しても比較的平気であり，危険について良くわからなくても生活することができる。奇抜で革新的なアイデアや行動に対して寛容であり，むしろ変化することに対して興味を持っている[50]。また新しい特徴を持つ商品を受け入れるのが早いという特徴があるとされている[51]。これらの傾向から，不確実性回避の傾向が弱い社会においては，多様性・新規性訴求が正の影響力を持つことが考えられる。不確実性回避の傾向が強い社会とは異なり，不確実性回避の傾向が弱い社会においては，多少リスクが存在していたとしても新しい変化を受け入れようとする特徴がある。その点で，多様性・新規性訴求の訴求する新たな変化といった側面と，不確実性回避の傾向が弱い社会における考え方が一致する。以上を踏まえて導き出された仮説は次の3つである。

仮説3-1a　不確実性回避の傾向が強い社会では，多様性・新規性訴求の採用

度合いが高くなるほどマーケットシェアが低くなる。

仮説3-1b　不確実性回避の傾向が弱い社会では，多様性・新規性訴求の採用度合いが高くなるほどマーケットシェアが高くなる。

仮説3-1c　不確実性回避の傾向が強い社会から弱い社会になるほど，多様性・新規性訴求はマーケットシェアを高める。

（4）集団訴求に関わる仮説

　集団訴求に関連する国民文化特性は特に権力格差，個人主義—集団主義，気ままさ—自制の3つである。権力格差が大きい社会では，人々は特権や地位を表すシンボルや権力の誇示を志向するとされている。またこの場合，他者は「自身の権力を脅かす脅威」とみなされる。そして権力の弱い者同士でさえも，他者を信頼する規範が弱いために連帯感を持って活動することが難しいとされている。[52] 消費者は，他者を重要な情報源として消費活動をする特徴を持っている。[53] しかし人々の連帯意識が弱く，他者への不信感を持っている社会においては，この影響力を促進する集団訴求は負の影響をもたらすと考えられる。一方で権力格差が小さい社会では，人々は相互依存すべきであると考える傾向にあり，皆が連帯感を持って活動することができる。この場合，人々は他者を「協力を求める存在」と認識するため多くの消費者が他者を重要な情報源としながら消費活動をしていると想定される。以上より，権力格差の小さい社会では集団訴求は正の影響をもたらすと考えられる。

　個人主義—集団主義に関しては，特に集団主義が集団訴求と関連する。集団主義社会においては，何かを行う際にチームワークやメンバーシップが意識され，集団でのパフォーマンスを向上させることに重点を置く。また集団で行われた決定を信じる傾向があり，消費を行う場合は社会的なネットワークを情報源とする傾向がある。このことから集団主義社会においても多くの消費者が他者を重要な情報源としながら消費活動をしていると考えられる。また集団主義社会では各自のアイデンティティは，自分が所属するコミュニティに根ざしているとされている。[54] そのため集団主義社会では，自分の自己概念を高めそれをサポートするために多くの消費者は周りの集団を用いていると考えられる。以上より，集団主義社会では他者の情報や集団帰属意識をも

たらす集団訴求は正の影響をもたらすと考えられる。

　気ままさ—自制に関しては，特に自制が集団訴求と関連する。自制を志向する社会では，社会的規範の遵守が重要視される。人々は所属する準拠集団の行動を見て，自身が社会的規範を遵守できているかを確認する[55]。準拠集団の行動からはみ出さないように行動することで，暗黙的に社会的ルール・モラルを維持し，社会的制裁から逃れようと行動する。これは人々が自分の行動を社会の人々に常に見られていると感じているためである。このような特徴を持つ自制を志向する社会では，準拠集団を社会における報酬と罰の伝達集団とみなしていると考えられる。以上より，集団主義社会では自身の行動基準である他者の情報をもたらす集団訴求は正の影響をもたらすと考えられる。

仮説4-1a　権力格差の大きな社会では，集団訴求が強いほどマーケットシェアが低くなる。

仮説4-1b　権力格差の小さな社会では，集団訴求が強いほどマーケットシェアが高くなる。

仮説4-1c　権力格差の大きな社会から小さな社会になるほど，集団訴求はマーケットシェアを高める。

仮説4-2　集団主義社会では，集団訴求が強いほどマーケットシェアが高くなる。

仮説4-3　自制を志向する社会では，集団訴求が強いほどマーケットシェアが高くなる。

（5）ステータス訴求に関わる仮説

　ステータス訴求に関係すると考えられる国民文化特性は権力格差，男性らしさ—女性らしさ，長期志向—短期志向の3つである。まず権力格差について検討する。ステータス訴求は権力格差が大きい社会においても，小さい社会においても関係性があることが想定される。権力格差が大きい社会においては，人々は特権や地位を象徴する「シンボル」を所持することで権力を誇示しようとするとされている[56]。またこの社会において強い権力を持つ者は，できる

だけその権力を目に見える形で示すように努力すべきであると考えられている。以上より，権力格差の大きい社会においては，ステータス訴求が正の影響力を持っていると考えられる。一方で権力格差が小さい社会では，人々は平等という意識が強いため，権力の強い者も敢えてそれを公にしない。そうすることで権力が弱いように思わせるよう努力するとされている。またこの社会においては特権や地位を象徴するシンボルは好まれず，むしろ不興を買うとされている。以上より，権力格差の小さい社会においてはステータス訴求が負の影響力を持っていると考えられる。

　男性らしさ—女性らしさについては，特に男性らしさがステータス訴求に関係する。男性らしさの強い社会において人々は，給与の高さ，仕事でどれほど認められるか，昇進できるか，仕事自体にやりがいを見出せるかといった点を目標にしている。また人々は物質的な成功を獲得することを重要視しており，強さやステータスを志向するとされている。敢えて高価なものを購買する傾向があり，自己主張や競争に勝利することを大切にしている。これらの特徴を踏まえ，男性らしさの強い社会では，ステータス訴求が正の影響力を持っていると考えられる。ステータス訴求は，高級で希少なブランドを所持することによってもたらされる社会的ステータスを訴求するものである。この点が男性らしさの強い社会における，物質的な成功を主張し，敢えて高価なブランドを選択するといった考え方と一致する。

　長期志向—短期志向については，特に短期志向がステータス訴求に関係する。短期志向の社会は，将来性よりも「今どうであるか」といった短期的な視座を重視する社会である。短期志向の社会において，人々は周囲の人々との付き合いを大切にしながらも，自分の面子を維持することを重要視している。社会的な自分の地位を大切にするため，使えるお金が乏しくとも「他人に負けないように」と見栄をはり社会的なステータスを獲得しようとする傾向がある。以上より短期志向の社会においてはステータス訴求が正の影響力を持っていると考えられる。ステータス訴求が消費者へもたらす社会的ステータスといった側面が，短期志向の社会における，面子を維持し見栄をはるために社会的ステータスを獲得しようとする人々の考え方と一致する。

仮説5-1a　権力格差の大きい社会では，ステータス訴求が強いほどマーケットシェアが高くなる。

仮説5-1b　権力格差の小さい社会では，ステータス訴求が強いほどマーケットシェアが低くなる。

仮説5-1c　権力格差の小さい社会から大きい社会になるほど，ステータス訴求はマーケットシェアを高める。

仮説5-2　男性らしさの強い社会では，ステータス訴求が強いほどマーケットシェアが高くなる。

仮説5-3　短期志向の社会では，ステータス訴求が強いほどマーケットシェアが高くなる。

（6）感情訴求に関わる仮説

　感情訴求に関連する国民文化特性は，個人主義―集団主義，気ままさ―自制の2つである。個人主義―集団主義では，特に個人主義と感情訴求に関連がある。個人主義社会において人々は個人的な時間や自由を志向しており，自身のライフスタイルを表現することを重要視している。そのために人々は自分でやってみるといった経験，そして楽しさや快楽を志向するとされている[62]。個人主義社会における人々は他人にどう見られるかというよりは，自身がいかに満足できるかといった点を大切にしていると考えられる。感情訴求はブランドのステータス性等といった他者との関係性を訴求するものではなく，興奮や情熱等といった感情に関わるイメージを訴求することで消費者の自己充足に貢献するものである。以上の特徴から，個人主義社会においては，感情訴求が正の影響力を持っていると考えられる。

　気ままさ―自制に関しては，気ままさを志向する社会と自制を志向する社会の双方が感情訴求と関連がある。まず気ままさを志向する社会において，人々は楽しさに関連した活動を大切にするとされている。倹約することを重要とは考えておらず，むしろ浪費したり，余暇を気ままに過ごしたりするために楽しさを追求する。人々は気ままな生活を送るために，自己充足に開放的である。その一方で自制を志向する社会において人々は，娯楽，浪費，そしてそれに類似した道楽は間違っていると感じる傾向がある。また「慎まし

く質素な生活を送るべきである」といった社会的規範がコミュニティに浸透している。以上から自制を志向する社会では，気ままさを志向する社会とは反対に自己充足しようとする行動に消極的であり，むしろ楽しさ等といった感情的側面を訴求するブランドの購買を抑制する力が働くと考えられる。感情訴求はブランドを消費したり所有したりする際にもたらされる感情的な楽しさを訴求するものである。その点において，気ままさを志向する社会においては，感情訴求が正の影響力を持っていると考えられる。一方で，自制を志向する社会においては感情訴求が負の影響力を持っていると考えられる。

仮説6-1　個人主義社会では，感情訴求が強いほどマーケットシェアが高くなる。

仮説6-2a　気ままさを志向する社会では，感情訴求が強いほどマーケットシェアが高くなる。

仮説6-2b　自制を志向する社会では，感情訴求が強いほどマーケットシェアが低くなる。

仮説6-2c　自制を志向する社会から気ままさを志向する社会になるほど，感情訴求はマーケットシェアを高める。

（7）社会貢献訴求に関わる仮説

　社会貢献訴求に関連する国民文化特性は，男性らしさ―女性らしさ，そして気ままさ―自制の2つである。男性らしさ―女性らしさでは特に女性らしさと社会貢献訴求に関連がある。女性らしさの強い社会において，人々は他者に配慮し控えめに振る舞い，かつ他者へのいたわりを重要視する[63]。また男女の性的な役割が明確ではなく，各自の経済的な成長よりも，環境保護や海外援助に目を向ける傾向があるとされている[64]。社会的弱者をはじめとした他者に配慮した活動を志向する女性らしさの強い社会では，人々は相互に依存していることを良く認識している。そのため，奉仕活動が活発に行われるとともに，社会の生活環境を維持・改善しようとする[65]。以上より，女性らしさの強い社会においては男性らしさの強い社会に比べ社会貢献訴求が有効に作用すると考えられる。社会貢献訴求は，ブランドを消費することによる社会

図表3-1　文化特性とGBI戦略

		GBI戦略						
		機能的訴求			観念的訴求			
		価格	品質	多様性・新規性	集団	ステータス	感情	社会貢献
国民文化	権力格差（大きい）				× (仮説4-1a)	○ (仮説5-1a)		
	権力格差（小さい）				○ (仮説4-1b)	× (仮説5-1b)		
	個人主義		○ (仮説2-1)				○ (仮説6-1)	
	集団主義				○ (仮説4-2)			
	男性らしさ		○ (仮説2-2)			○ (仮説5-2)		
	女性らしさ							○ (仮説7-1)
	不確実性回避（強い）		○ (仮説2-3)	× (仮説3-1a)				
	不確実性回避（弱い）			○ (仮説3-1b)				
	長期志向	× (仮説1-1a)	○ (仮説2-4)					
	短期志向	○ (仮説1-1b)				○ (仮説5-3)		
	気ままさ						○ (仮説6-2a)	
	自制	○ (仮説1-2)			○ (仮説4-3)		× (仮説6-2b)	○ (仮説7-2)

注：○は有効，×は負の影響を表す。
出所：筆者作成。

や環境への貢献を訴求するものである。この点が，他者や社会環境への配慮を重視する女性らしさの強い社会の考え方と合致する。

　気ままさ―自制に関しては，特に自制と社会貢献訴求に関連がある。自制を志向する社会において人々は，厳格な社会規範を維持するために，浪費や道楽といった行動は制約されるべきであると考える傾向にある。自制を志向する社会においては人々の連帯意識が強く，集団での価値を維持しようとす

る。また伝統的なやり方や形式を変えずに社会の永続性，耐久性を確保しようとする[67]。自制を志向する社会では大量消費等による社会変容は受け入れられず，むしろ社会環境に配慮されたブランドを消費することで持続的な社会や環境を実現することを重要視すると考えられる。また「社会環境に配慮したブランドを選択している自分」を表現することで，厳格な社会規範の維持に貢献していることを他者に示すとともに，それによって他者との連帯意識を高めていると考えられる。以上より自制を志向する社会では，社会貢献訴求が有効に作用すると考えられる。

仮説7-1　女性らしさの強い社会では，社会貢献訴求が強いほどマーケットシェアが高くなる。

仮説7-2　自制を志向する社会では，社会貢献訴求が強いほどマーケットシェアが高くなる。

第2節　戦略の測定と分析枠組み

　ブランドは企業の様々なマーケティング活動によって，消費者の頭の中に蓄積される無形資産である。消費者はブランドに対し様々なイメージを抱く。このブランド・イメージという曖昧な存在を科学的に明らかにしようとする試みがこれまで数多く行われてきた。消費者の頭の中にあるブランド・イメージの測定に関しては，Attitude Scale・Natural Grouping・KRG（Kelly Repertory Grid）・ラダリング法・METラダリング法・Benefit Chain・ZMET（Zaltman Metaphor Elicitation Technique）・Narrative Technique等の手法が開発されている[68]。また近年ニューロサイエンスの分野では，fMRIを利用して機械的に消費者の脳にどのようなブランド・イメージが構築されているのかを検証する試みがなされている。

　本書では，企業の訴求するブランド・イメージ戦略を検証する。企業が戦略的に訴求するブランド・イメージがそのまま消費者の抱くブランド・イメージになるとは必ずしも限らない。ただし消費者調査研究の結果に企業戦略

の検証研究が加わることで，ブランド・イメージがもたらす影響の実態をより詳細に理解することができる。また企業のコントロール下にある戦略の効果検証を行うことで，どのようなブランド・イメージを戦略的に訴求すると効果的なのかといった企業戦略に直結する具体的な示唆を導出することも可能となる。

そこで本節は，GBI戦略の測定を試みる。GBI戦略とは，ブランド・アイデンティティを消費者に対し訴求する戦略のことである[69]。一方でブランド・イメージとは消費者の記憶内にある当該ブランドに対する連想のことを示す。企業はGBI戦略を通して，消費者の頭の中に自社にとって好ましいブランド・イメージを形成する。グローバル・ブランド・イメージ（GBI）戦略を測定することにより，海外市場における日本企業が，また現地企業や多国籍企業が各国の市場でどのようなGBI戦略を展開しているのかを相対的に把握することが可能となる[70]。

I. ブランド・コンセプト

GBI戦略は，ブランド・コンセプトを通して各国の消費者にブランド・アイデンティティを訴求するものである。ブランド・コンセプトとは，企業が選択したブランドの意味であり，訴求するイメージの中核を示す概念である[71]。本節ではこのブランド・コンセプトに基づいてGBI戦略の測定を実施した。ブランド・コンセプトの概要については先述してあるが，ここではもう少し詳細に既存研究について触れる。下記に過去のブランド・コンセプト研究の流れを示した（図表3-2）。

1. ブランド・コンセプト研究

先述の通り，Park *et al.*（1986）の提唱したBCM理論により，ブランド・コンセプトは機能的（Functional），経験的（Experiential），象徴的（Symbolic）の3つに分類された。そしてRoth（1992）は，Park *et al.*（1986）の提示した3つのブランド・コンセプトを用いてBCM概念の有効性を定量的に検証した。Roth（1992）の研究で用いられているブランド・コンセプトは機能的

図表3-2　ブランド・コンセプトと便益研究

研究者	ブランド・コンセプト＆ブランド便益				
	機能的	感情的	象徴的		
Park *et al.* (1986)	Functional	Experiential	Symbolic		
Roth (1992)	Functional	Sensory	Social		
Keller (1993)	Functional	Experiential	Symbolic		
Aaker (1991)	Rational	Psychological			
Aaker (1996)	Functional	Emotional	Self-Expressive		
Aaker (2009)	Functional	Emotional	Self-Expressive	Social	
和田 (2002)	基本価値	便宜価値	感覚価値	観念価値	
Hsieh (2002)	Economic	Utilitarian	Sensory	Symbolic	

注：概念間の対応は完全に一致するとは限らないので注意されたい。
出所：筆者作成。

（Functional），感覚的（Sensory），社会的（Social）といったように名称が若干変化しているものの，概念の内容はPark *et al.*（1986）の提示したものとほぼ同義である。Park *et al.*（1986）の提示したブランド・コンセプトはその後，Keller（1993）のブランド理論に組み込まれていくこととなる。Keller（1993）は，「顧客ベースのブランド・エクイティ」という視点から，ブランドの知識が消費者の中でどのように構成されているかを示した。彼はブランドの知識がブランド認知とブランド・イメージにより構成されるとしている。ブランド・コンセプトはブランド・イメージの中で，ブランド連想の一部である「便益」として機能的（Functional），経験的（Experiential），象徴的（Symbolic）という区分が示されている。ブランド便益とは，「消費者の感じる価値であり，消費者が製品やサービスに接触した際にもたらされるもの」[72]と定義される。Keller（1993）は消費者の視点からブランド知識の構成要素を検討したため，ブランド便益といった名称を用いたものと考えられる。その一方でブランド・コンセプトといった名称は，企業がブランドをどのように管理すべきかといった視点から用いられてきた。Keller（1993）の研究以降，ブランド・コンセプトはブランド便益といった視点から研究が進められている。

2. ブランド便益と価値構造分類研究

　Aaker（1991）もまたブランド便益という概念を用いて，その内容を合理的便益（Rational）と心理的便益（Psychological）の2つに分類した。合理的便益（Rational）は，「製品特性と密接に結びついており，"合理的"意思決定過程の一部である」[73]と定義されている。ここでも歯ブラシや歯磨き粉の例で示すと，「歯垢が良く取れる」，「フッ素配合で虫歯予防」といった便益がこれにあたる。心理的便益（Psychological）とは，「特性の形成過程において非常に重要であり，そのブランドを購入・使用する際に生じる何らかの感情と関連」[74]するものであると定義されている。ここでは「誰よりも白い歯で，あなたは素敵になれる」といったような便益がこれにあたる。その後，Aaker（1996）は，ブランド便益を機能的（Functional），情緒的（Emotional），自己表現的（Self-Expressive）といった側面に整理しなおした。機能的（Functional）とは，製品属性に基づくものであり，機能的な実用性を消費者にもたらすものである。信頼性や安全性といった要素がここに含まれる。情緒的（Emotional）とは，ブランドの購買時に消費者が感じるポジティブな感覚をもたらすものである。楽しさやエキサイティング感といった感情をもたらす要素がここに含まれる。そして自己表現的（Self-Expressive）とは，ブランドの所持が自己表現の象徴を消費者にもたらすものである。ブランドの持つステータス性といった，自己表現の手段となる要素がここに含まれる。[75]なおAaker（1991）による合理的便益（Rational）は機能的（Functional）に，そしてAaker（1991）による心理的便益（Psychological）は情緒的（Emotional），自己表現的（Self-Expressive）にそれぞれ対応する。さらにAaker（2009）では機能的（Functional），情緒的（Emotional），自己表現的（Self-Expressive）という3つのブランド便益に，社会的（Social）といった要素も追加した。社会的（Social）とは，ブランドが周囲の人々との関係性をもたらす効用を意味する。周囲の人々と同じブランドを購買することによる仲間意識の形成などがこれにあたる。なおPark *et al.*（1986）による概念とAaker（2009）の各概念には類似点を見出すことができる。つまりPark *et al.*（1986）の機能的（Functional）には，同様に機能的（Functional）が対応しており，経験的（Experiential）には情緒的（Emotional）が対応する。またPark *et al.*（1986）

の象徴的（Symbolic）には，自己表現的（Self-Expressive）と社会的（Social）が対応すると考えられる。

　日本において代表的な研究は和田（2002）による製品の価値構造分類である。和田（2002）は，製品価値を消費者にとっての便益の束としたうえで，それを基本価値，便宜価値，感覚価値，観念価値の4つに分類した。基本価値とは「製品がカテゴリーそのものとして存在するためになくてはならない価値」[76]である。基本価値があって初めてモノは製品として成立する。便宜価値は「消費者が当該製品を便利に楽しくたやすく購買し消費しうる価値」[77]である。ここでは価格といった要素も便宜価値に含まれる。感覚価値とは「製品サービスの購買や消費にあたって，消費者に楽しさを与える価値であったり，消費者の五感に訴求する価値」[78]である。そして観念価値とは，ブランドが発信するノスタルジー，ファンタジー，ブランドの歴史への憧れや共感度，また自己のライフスタイルへの共感度などによって構成される価値である。[79]和田（2002）はこれらの概念について，前述したAaker（1996）による概念との対応を示している。それによるとAaker（1996）の機能的（Functional）には基本価値と便宜価値が対応しており，情緒的（Emotional）には感覚価値と観念価値が対応するとされている。またAaker（1996）の自己表現的（Self-Expressive）には，観念価値が対応する。[80]

　ブランド便益の存在を定量的に検証した代表的研究としてはHsieh（2002）が挙げられる。Hsieh（2002）は，消費者の知覚するブランド便益は各国の市場で共通性があるのかどうかを定量的に検証している。Hsieh（2002）は，20か国，計70地域において自動車保有者に対する調査を実施しサンプルを検証した結果，4つのブランド便益が存在していることを確認した。それらは経済的（Economic），実用的（Utilitarian），感覚的（Sensory），象徴的（Symbolic）である。経済的（Economic）とは，当該製品を利用することによって得られる効率性を意味する。これには製品の価格や自動車の燃費性能が挙げられている。実用的（Utilitarian）とは，製品やサービスの品質を意味する。ここでは製品の耐久性やサービスの信頼性などが挙げられる。感覚的（Sensory）とは，製品がもたらす感情的な喜びを意味する。ここでは車の心地よい加速やスピード感，運転の楽しさなどが挙げられている。象徴

的（Symbolic）とは，製品がもたらす社会的な威厳やラグジュアリー感を意味する。これは製品を所持することによって得られる社会的ステータスや自己実現の手段となるものである。ここで検証されたブランド便益についてもPark et al.（1986）の各概念と対応する。つまりPark et al.（1986）の機能的（Functional）には，経済的（Economic），実用的（Utilitarian）が対応しており，経験的（Experiential）には感覚的（Sensory）が対応する。またPark et al.（1986）の象徴的（Symbolic）には，同様に象徴的（Symbolic）が対応している。概念間の対応については図表3-2を参照されたい。

3．7つのGBI戦略

　これらの先行研究をまとめた図表3-2を見ると，ブランド・コンセプト（便益）は共通して大きく3つの側面に分けることができる。それらは機能的，感情的，象徴的といった側面である。ただしこの3側面だけでは企業が実際にブランド・コンセプト（便益）を選択してどのようにGBI戦略として訴求していけばいいのかといったことがわかりにくい。仮に「ある地域では機能的コンセプト（便益）を訴求するGBI戦略が効果的だ」という研究結果が得られたとしても，果たして企業は当該地域に低価格を訴求すれば良いのか，それとも高品質を訴求すべきなのかがわからない。またHsieh（2002）の研究では比較的細分化された便益を提示してはいるものの，これをもってしても現実に企業が訴求しているGBI戦略の実態をすべて説明することができない。例えば，企業の「社会や環境に貢献していること」を訴求するイメージ戦略は，どのブランド・コンセプト（便益）でも説明することが難しい。

　これを踏まえ2章では，先行するブランド・コンセプト（便益）研究をSheth et al.（1991a, 1991b）ならびにHolbrook（1996）の研究を基盤としながら整理し，企業が具体的に採用可能な7つのGBI戦略を提示した。7つのGBI戦略とは，「価格訴求」，「品質訴求」，「多様性・新規性訴求」，「集団訴求」，「ステータス訴求」，「感情訴求」，「社会貢献訴求」である。

II. GBI戦略の測定

1. 研究課題と調査分析方法

　これまでもブランドの管理者に対してアンケート調査を行い，ブランドの採用しているGBI戦略を測定して効果を検証しようとする試みは存在している。例えばRoth（1995a，1995b）の研究では，ブランドごとの各国におけるGBI戦略展開状況をアンケートにより測定している。しかしアンケート調査では，イメージという曖昧な存在を調査する以上，回答者によって結果にバラつきが出ることも多い。そのためアンケート調査のみで得られた結果を相対的に検討できるのかに疑問が残る。そこで本節ではアンケート調査だけではなく，ブランドの展開するWebページを対象にテキストマイニングを実施することで，各ブランドが訴求しているGBI戦略を測定することにした。Webから知識や情報を抽出する技法はWeb内容マイニングと呼ばれる。Web内容マイニングは，Webを「未開拓の多くの知識が眠っている巨大な知識ベース」とみなし，そこから知見を発見しようとするものである[81]。先述した通り，ブランドは企業の様々なマーケティング活動により形成されるものである。その点でブランドの展開するWebページは多くの活動を掲載しており，消費者にその情報を発信している。ブランドの展開するWebページを分析することで，それぞれのブランドが訴求しているGBI戦略を明らかにすることができると考えられる。

　マーケティングの分野ではこれまでも，テキストデータを用いてブランド・イメージやブランドに対する評価を測定しようとする試みがなされてきた。例えば豊田（2004，2005）は消費者が抱く携帯電話会社4社のイメージをテキストデータにより測定している。この分析ではキーワードの頻度から連想の強さを，被験者に対する意味確認によりキーワードの好ましさを，そして定量的な分析により連想のユニークさを測定している。また黒岩（2005）は，トヨタブランドを対象に，消費者の情報収集の特徴がブランド・イメージとどの様な関連があるのかをテキストデータから分析している。ここでは収集したテキストデータが分析者により複数の意味（テーマ）に分類され，そのうえで各テーマにおいて類似度が高い他のキーワードを機械的に抽出してい

る。この方法により，各キーワードがブランドのどのような側面を意味しているのかを測定している。そして庄司（2009）は，消費者の店舗推奨の内容と顧客ロイヤルティの関係をテキストデータにより分析している。この分析では，分析者がキーワードの意味分類を行った上で頻度を調査することにより推奨の内容を測定している。Web内容マイニングを用いたテキスト分析を実施しているのが伊藤・曽和（2010）である。この分析では，日本庭園利用者の評価をWeb上のブログに記載されているテキストデータから測定している。評価の測定には，まず統計的に相関のあるキーワードを抽出し，そのうえで各キーワードの意味を分析者が分類することにより行っている。

　これまでの研究を概観してみると，ブランド・イメージやブランドに対する評価を測定するためのキーワード抽出方法は大きく3つのアプローチに分類できる。それらは①Correlationalアプローチ，②Dictionary-Basedアプローチ，そして③両者の複合的なアプローチである。Correlationalアプローチとは，テキストデータの中に表れる頻度の高い単語や，単語が出現する共通のパターンを統計処理によって発見・分類するアプローチである[82]。一方のDictionary-Basedアプローチとは，分析者の基準でテキストデータやそれに含まれる単語を分類するアプローチである[83]。これらのアプローチは，単語の分類を統計処理によって機械的に行うのか，また分析者の基準で行うのかといった点に大きな相違がある[84]。

　両アプローチの長所短所としては次のような点がある。Correlationalアプローチは，分析にあたって客観性が確保できる一方で，「分析者の理論や問題意識を自由に操作化して追及することは困難」[85]である。その反面，Dictionary-Basedアプローチでは，「分析者の理論や問題意識を前提に，テキストデータの様々な側面に自由に焦点を絞った分析が可能」[86]となるが，分析にあたって恣意性を完全に排除できないという問題を抱えている。以上を踏まえ，樋口（2004）は2つのアプローチが補完しあうべき関係にあるとし，両者の統合アプローチを提唱している。

　統合アプローチは2つのステップにより構成される。第1ステップとして，まずCorrelationalアプローチにより，テキストデータを要約・提示する。次に第2ステップとして，前段階で処理したデータを用いて，Dictionary-Based

アプローチによるコーディング作業を実施するという流れである。この2つのステップからなる統合アプローチを用いることで，分析者の視点からテキストデータに自由に焦点をあてながら，かつある程度客観性を確保した分析をすることができるとされている。[87] 以上より，本節でも樋口（2004）の提唱した方法論によりテキストデータを分析した。

2. 分析と考察

本書ではテキストデータに含まれるキーワードの頻度からGBI戦略を定量化している。そこで本項ではGBI戦略測定のために必要なキーワード抽出の流れを示した（図表3-3）。

本節ではまずブランド担当者へのアンケートを通して，各ブランドがどのようなGBI戦略を展開しているのかを調査した。次に回答の得られたブランドが展開するすべてのWebページに掲載されているテキストを抽出し，サンプル間で特定のイメージ訴求をしているブランドに共通する単語を相関分析により特定した（Correlationalアプローチ）。[88] その後，テキスト内にある単語

図表3-3　キーワード抽出の流れ

Step 1	企業へのアンケート 訴求している 各GBI戦略比率 Web上の情報 各社のWebページに掲載されている テキスト（単語）の頻度	相関分析 　Correlational アプローチ
Step 2	各GBI戦略に適合する 単語を選択 相関係数の上位から順に 単語をキーワードとして選出	Dictionary-Based アプローチ

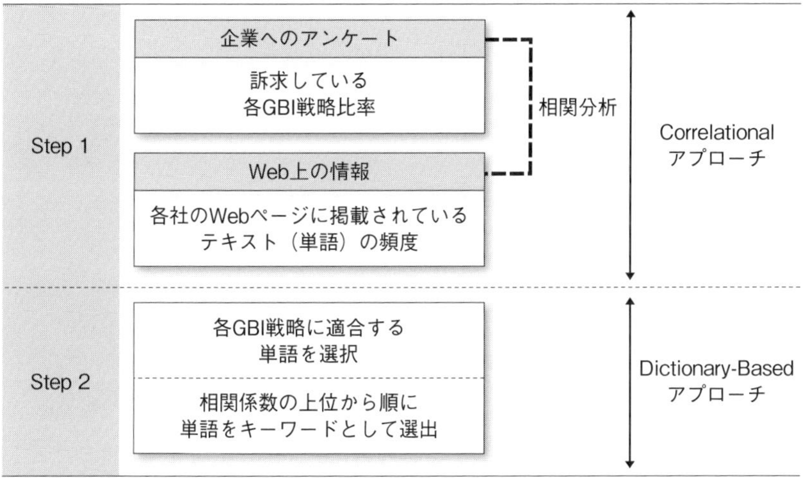

出所：筆者作成。

を7つのGBI戦略要素にそれぞれ分類し（Dictionary-Basedアプローチ），各訴求別で相関係数の高かった項目順に単語をキーワードとして選出した。以下にそれぞれの詳細を示す。

（1）アンケート調査とWebページのテキスト収集（STEP 1）

まずブランドが訴求しているGBI戦略の採用度合いを調べるために日系グローバル企業へのアンケート調査を行った。調査方法は郵送調査法である。対象は海外売上高比率が30％を超えている日本の製造業（上場企業）が展開する497ブランドであり，調査期間は2012年11月27日から2012年12月27日である。[89]

各ブランドには日本・韓国・タイ・中国・イギリス・スウェーデン・ポルトガル・ロシア・アメリカ・ブラジルの計10市場の中で，進出している地域を示してもらった。[90]次に各ブランドには2章で提示した7つのGBI戦略を示したうえで，進出地域におけるブランドのGBI戦略採用度合いをパーセンテージで回答してもらった。回答数は40ブランド（回収率8.04％）であり，[91]その中の有効回答数は31ブランド（回収率6.23％）であった。分析対象となったのは31ブランド×10か国（ブランドによっては欠損国あり）で延べ218サンプルである。回答の得られた31ブランドを概観すると，16ブランドがB to B，15ブランドがB to Cであることが判明した。それぞれを比べてみると，B to Bブランドは品質訴求や多様性・新規性訴求を重点的に行っており，それに比べてB to Cブランドは多様なGBI戦略を採用していることを確認した。以上より本節でも多様なGBI戦略を採用しているB to Cの15ブランドに対象を絞って分析を進めた。

次に処理できる情報量の限界から，絞り込んだ15ブランドの中よりランダムに5ブランドを抽出した。以上より5ブランド×10か国（ブランドによっては欠損国あり）で延べ24サンプルを対象に，各ブランドの各国Webページからテキストデータを収集した。テキストデータの収集期間は2013年1月1日から2013年1月26日である。収集した日本語以外の言語についてはGoogle社の提供している機械翻訳システムを利用し，すべての分析言語を日本語に統一した。[92]テキスト分析には，統計ソフトRのパッケージングソフトである

RMeCabを利用した。テキストに含まれる内容語（名詞・形容詞・動詞）を抽出した結果，計6万3433語が分析対象となった。なおサンプル間で共通する単語の出現頻度を調べるにあたって，各テキスト内における単語の重要度を考慮し，単語ごとにテキストの長さによる重みづけ（正規化）処理を行った。[93]

以上を踏まえ，Webページ上に掲載されていた単語の頻度と先のアンケート調査による結果との相関を分析した（STEP 1）。この相関分析から，特定の訴求を選択しているブランドのWebページに共通して出現している単語を明らかにすることができる。[94] 分析には，Webページ上に掲載されていた単語の頻度とアンケート調査による各訴求の値の間における相関係数を利用した。

（2）キーワードの選出（STEP 2）

次に抽出した単語をDictionary-Basedアプローチにより7つのGBI戦略に該当するかどうか分類した。その後，それぞれの訴求に分類された単語で，かつ相関係数の高い単語から順にキーワードを選出した（STEP 2）。なお選出したキーワードの頻度を用いて，調査対象となっているブランドのGBI戦略採用度合いを市場ごとに算出した。[95]

最終的に選出されたキーワードは次の通りである。[96] 価格訴求では「値引き」や「セール」といった価格という消費者の払う犠牲を低減させるキーワードが抽出された。また各国の通貨単位もキーワードとして選出された。価格訴求を採用する企業は価格についての情報を多く訴求することで，消費者の払う犠牲や負荷が大きくないことを示している。品質訴求については，「性能」，「成分」，「耐久」，「効果」といったブランドの提供する物理的な性質についてのキーワードが多く選出された。また「技術」や「安全」といったキーワードとともに，「サービス」に関するキーワードも品質訴求として選出された。

集団訴求では，「人気」，「流行」，「話題」といった集団への帰属を訴求するキーワードが選出されている。また「ブログ」や「レビュー」などといったキーワードから，集団訴求を採用するブランドは口コミを醸成する各種ツールを利用して集団への帰属や流行を訴求していることがわかる。ステータス訴求では「ゴージャス」，「エレガント」，「プレミアム」といった高級感を示

すキーワードが選出された。また「貴重」,「限定」といった希少性を示すキーワードも選出された。ステータス訴求を採用するブランドはこれらのキーワードにより,ブランドがもたらす社会的ステータスを訴求している。そして感情訴求では,「うれしい」,「かわいい」,「ときめき」といった人間の感情に関わるキーワードが選出された。また「におい」,「爽快」,「体感」といった五感経験を通したブランドへの接触無しでは得られない要素もキーワードとして選出された。社会貢献訴求では,「リデュース」,「リユース」,「リサイクル」といった自然環境への負荷を低減させるようなキーワードが多く選出された。またそれだけでなく,社会的な問題を解決するブランドの活動として「チャリティー」,「フェアトレード」,「倫理」といったキーワードも選出された。最後に多様性・新規性訴求では,「バリエーション」,「ラインナップ」,「多彩」といったキーワードにより多様性に富んだ選択肢を訴求している。また「バージョンアップ」,「リニューアル」,「新型」といった,新規性（変化）を示すキーワードも見られた。

(3) GBI戦略の測定例

これまで2章で提示した7つのGBI戦略要素を基に,ブランドへのアンケート調査とWebページのテキストマイニングを用いてGBI戦略の測定を試みてきた。GBI戦略の展開状況を調査したいブランドがあれば,そのブランドのWebページからテキストデータを抽出した後,7つのGBI戦略を代表するキーワードから戦略を測定することができる。

参考までに本項ではGBI戦略の測定例を示しておく。対象としたブランドは,本節で実施したアンケート調査の送付先からランダムにB to Cブランドを2つ抽出した（AブランドBブランド）。その上でアジア,米州,欧州の地域を代表して,それぞれ日本,アメリカ,イギリスの3市場におけるGBI戦略を測定した。本書における測定方法を用いたGBI戦略の測定値を図表3-4に示した。

図表3-4においてAブランドの感情訴求を見るとアメリカやイギリス市場と比較して日本市場ではその割合が高いことがわかる。また多様性・新規性訴求では,イギリス市場で突出した値を示しており,Aブランドはイギリス

図表3-4 GBI戦略の測定例

①AブランドのGBI戦略

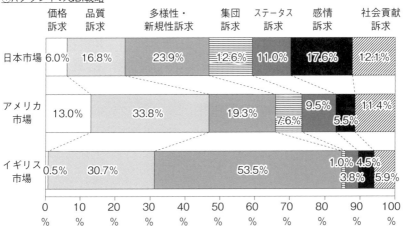

②BブランドのGBI戦略

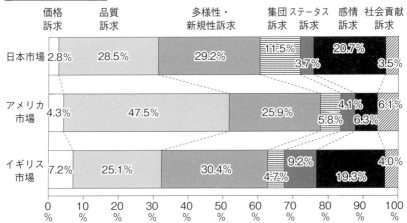

出所：筆者作成。

市場で特に多様性・新規性訴求を重視していることがわかる。次にBブランドの品質訴求を見ると，アメリカ市場で品質訴求を重視した展開を行っていることが確認できる。AブランドとBブランドを比較した場合，社会貢献訴求では，いずれの市場においてもAブランドの方が高い値を示しており，Aブランドは相対的に社会貢献訴求を強く訴求していることがわかる。また集

団訴求については両ブランドとも，アメリカやイギリス市場よりも日本市場でその割合が高い。このことから，両ブランドとも集団訴求については日本市場で注力していることが確認できる。このように本節ではアンケート調査だけでなく，展開するWebページに含まれるテキストも加味しながら，ブランドの訴求するGBI戦略を単一の尺度で横断的に測定することを試みた。従来の研究において用いられてきたアンケート調査では，回収率が大きな制約となることが多かった。その点で，Web内容マイニングではWebページの情報にアクセスできれば，GBI戦略の把握が可能となる。

III. 分析枠組み

　GBI戦略の測定を踏まえ，本項では本書における分析枠組みを示す。分析枠組みとしては基本的にRoth（1995a）のフレームワークを援用した（図表3-5）。GBI戦略の測定方法については後述する。本書ではGBI戦略の各訴求

図表3-5　分析枠組み

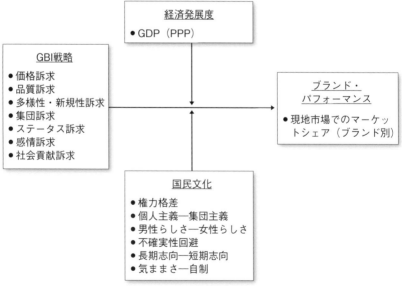

出所：Roth（1995a），p.165を基に筆者作成。

それぞれに焦点をあてて検証を行うため,独立変数には7つのGBI戦略に占める対象訴求の割合を算出したものを用いた。

　先述した通り,GBI戦略は様々なマーケティング活動を通して訴求されるものである。既存のマーケティング研究において,マーケティング活動に対するパフォーマンス指標としてはマーケットシェアが用いられることが多い。[97] またRoth (1995a) もGBI戦略に対するパフォーマンス指標としてマーケットシェアを用いている。以上より,本書でもGBI戦略のパフォーマンス指標（従属変数）としてブランド別のマーケットシェアを利用した。なお本書では消費者に比較的多様なブランド・イメージを持たれているとされる日用品ブランドを対象として,国別にランダムサンプリングを行っている。そこで国ごとの違いを統制するために文化の概念を利用した。文化の概念にはHofstede et al. (2010) の提示する国民文化特性ならびにそのスコアを用いた。[98] 本分析枠組みに国民文化の概念を利用することで,どのような国民文化圏でどのようなイメージ訴求が有効に作用するのかを明らかにすることができる。またその他のモデレータ変数として,各国の経済発展度も考慮した。本書では経済発展度を示す指標として,購買力平価換算の1人当たりGDP（以下,GDP (PPP) と略記）を用いた。

　前節で検討した国民文化特性とGBI戦略の関係を検証するために,本節ではまず対象ブランドのサンプリングを行った。対象とする国はHofstede et al. (2010) による6つの国民文化スコアが分散するように設定した。その結果,日本・中国・台湾・タイ・ロシア・スウェーデン・イギリス・ポルトガル・アメリカ・ブラジルによって構成される計10の国や地域を対象とした。[99] 各国・各地域におけるサンプルはEuromonitor社のPassport Academicデータベースに収録されているBeauty and Personal Care（日用品）ブランド（製品ブランド）である。[100] 消費財の中でも日用品ブランドは,消費者に比較的多様なブランド・イメージを持たれているとされている。[101] 本データベースから国ごとに25ブランドずつランダムにサンプリングを行い,そこに収録されている各ブランドの現地市場におけるマーケットシェアデータを従属変数として利用した。マーケットシェアデータは2009年から2012年の平均値を用いた。収集したサンプルは10か国×25ブランドで計244ブランドである（欠損

値あり）。なお国民文化スコアには，Hofstede *et al.*（2010）に記載されているスコアを利用した。またGDP（PPP）はIMFのWorld Economic Outlook Databaseに掲載されている2012年の値を用いた。GBI戦略測定のためのテキストデータ収集期間は2013年2月2日から2013年の3月26日である。検証には交互作用項を考慮した重回帰分析を利用した[102]。独立変数はそれぞれのGBI戦略訴求度合いであり，従属変数は現地市場でのブランド別マーケットシェアである。なお，ここまでに収集したデータの記述統計量を図表3-6に，相関表を図表3-7に示した。

図表3-6　記述統計量

		日本	中国	台湾	タイ	ロシア	スウェーデン	イギリス	ポルトガル	アメリカ	ブラジル	All M	All SD
GBI戦略	価格訴求 M	0.18	0.05	0.12	0.10	0.04	0.03	0.06	0.02	0.11	0.03	0.07	18.75
	価格訴求 SD	0.22	0.09	0.14	0.14	0.08	0.05	0.09	0.02	0.10	0.04	0.12	
	品質訴求 M	0.34	0.26	0.27	0.22	0.30	0.29	0.24	0.31	0.27	0.22	0.27	
	品質訴求 SD	0.18	0.14	0.17	0.12	0.16	0.17	0.15	0.18	0.18	0.16	0.17	
	多様性・新規性訴求 M	0.11	0.33	0.27	0.24	0.24	0.22	0.23	0.20	0.17	0.21	0.22	
	多様性・新規性訴求 SD	0.08	0.18	0.10	0.15	0.10	0.13	0.10	0.10	0.11	0.11	0.13	
	集団訴求 M	0.12	0.11	0.10	0.15	0.15	0.19	0.23	0.18	0.20	0.27	0.17	
	集団訴求 SD	0.10	0.10	0.07	0.15	0.14	0.14	0.18	0.15	0.14	0.20	0.15	
	ステータス訴求 M	0.04	0.08	0.09	0.07	0.09	0.05	0.07	0.07	0.06	0.05	0.07	
	ステータス訴求 SD	0.04	0.05	0.05	0.07	0.09	0.05	0.06	0.08	0.05	0.06	0.06	
	感情訴求 M	0.15	0.15	0.13	0.20	0.15	0.19	0.15	0.21	0.17	0.19	0.17	
	感情訴求 SD	0.11	0.13	0.09	0.14	0.12	0.12	0.08	0.13	0.09	0.13	0.12	
	社会貢献訴求 M	0.05	0.03	0.03	0.04	0.02	0.02	0.03	0.02	0.02	0.03	0.03	
	社会貢献訴求 SD	0.07	0.05	0.03	0.03	0.02	0.02	0.04	0.02	0.05	0.06	0.04	
国民文化尺度	権力格差	54	80	58	64	93	31	35	63	40	69	58.45	18.75
	個人主義-集団主義	46	20	17	20	39	71	89	27	91	38	46.36	26.83
	男性らしさ-女性らしさ	95	66	45	34	36	5	66	31	62	49	49.26	23.70
	不確実性回避	92	30	69	64	95	29	35	104	46	76	63.87	26.82
	長期志向-短期志向	88	87	93	32	81	53	51	28	26	44	58.75	25.21
	気ままさ-自制	42	24	49	45	20	78	69	33	68	59	48.89	18.81
GDP (PPP)		33842.90	7277.77	34334.04	8928.84	15807.20	37980.99	35837.33	23215.16	46875.41	10921.23	25876.31	13303.35
マーケットシェア	M	0.95	1.21	1.23	1.61	0.92	1.23	1.06	1.10	1.17	1.17	1.16	
	SD	0.49	0.92	0.70	1.15	0.70	0.70	0.51	0.65	0.57	0.76	0.75	
N		25	25	25	20	24	25	25	25	25	25	244	

出所：筆者作成。

第1部　理論編

図表3-7　相関表

		1	2	3	4	5	6	7	8	9	10	11	12	13
GB戦略	1. 価格訴求													
	2. 品質訴求	-.24**												
	3. 多様性・新規性訴求	-.24**	-.19**											
	4. 集団訴求	-.14*	-.45**	-.28**										
	5. ステータス訴求	-.02	-.14*	-.05	-.14*									
	6. 感情訴求	-.23**	-.31**	-.16*	-.09	-.06								
	7. 社会貢献訴求	-.02	-.01	-.17**	-.08	-.04	.01							
国民文化	8. 権力格差	-.09	.01	.18**	-.13*	.13*	-.04	.00						
	9. 個人主義-集団主義	.02	.01	-.19**	.21**	-.11	.01	-.05	-.73**					
	10. 男性らしさ-女性らしさ	.26**	.04	-.16*	-.06	-.04	-.12	.14*	.04	.10				
	11. 不確実性回避	.04	.10	-.18**	-.04	.00	.03	.07	.50**	-.46**	.06			
	12. 長期志向-短期志向	.14*	.08	.12	-.24**	.11	-.17**	.04	.38**	-.39**	.34**	.05		
	13. 気ままさ-自制	.03	-.07	-.13*	.21**	-.14*	.06	-.01	-.89**	.73**	-.17**	-.54**	-.44**	
	14. Brand Share	.05	-.12	-.12	.09	-.02	.16*	.10	-.03	-.06	-.09	-.08	-.08	.05

注：N=244, * p<.05, ** p<.01
出所：筆者作成。

〈注〉

1 以降，文化とはすべて国民文化のことを示す。
2 Mooij（1998）pp.91-92, Mooij（2004）pp.36-46, Hofstede et al.（2010）pp.409-412.
3 Hofstede（1980a）p.43.
4 Hofstede（1983）pp.75-85, Hofstede et al.（1990）p.288, Hofstede（1991）邦訳，13-147頁。なお，それぞれの特性については本節の後半で説明する。
5 Mooiji（1998）pp.91-92, Smith and Bond（1998）邦訳，55頁，Mooiji（2004）pp.45-46, Hofstede et al.（1990）p.288.
6 Smith and Bond（1998）邦訳，55頁。
7 彼の研究が良く知られるようになったのは，Hofstede（1980b）が公刊されてからである。
8 本節では，価値観を「個人が持つ物事の評価軸」と定義する。なお文化とは「それぞれの価値観を社会的集合として見た時に，表れる傾向」を示す。
9 Hofstede and Bond（1988）p.15, Hofstede（1991）邦訳，172-173頁。
10 Hofstede（1991）邦訳，174-177頁。
11 Hofstede and Bond（1988）p.15, Hofstede（1991）邦訳，173-177頁。
12 Hofstede（1991）邦訳，176頁。
13 Hofstede et al.（2010）pp.37-38.
14 Smith and Bond（1998）邦訳，57頁。
15 Schwartz（1999）pp.30-32.
16 Schwartz and Bardi（1997）pp.385-410, Smith and Bond（1998）邦訳，60頁，Schwartz（1999）p.23.
17 Smith and Bond（1998）邦訳，66頁，Mooij（2004）p.39, Hofstede et al.（2010）p.41.
18 Smith and Bond（1998）邦訳，66頁。
19 Smith and Dugan（1996）p.235.
20 Trompenaars and Hampden-Turner（1997）邦訳，50-271頁。
21 Trompenaars and Hampden-Turner（1997）邦訳，2-3頁。
22 Smith and Dugan（1996）pp.249-250.
23 House et al.（2004）pp.11-22.
24 House et al.（2004）p.9.
25 ここで考慮されたHofstedeによる5つの文化特性は，「権力格差」，「個人主義―集団主義」，「男性らしさ―女性らしさ」，「不確実性の回避」，「長期志向―短期志向」である。
26 House et al.（2004）pp.11-14.
27 第1回：1981-1984年，第2回：1990-1994年，第3回：1995-1998年，第4回：1999-2004年，第5回：2005-2009年，第6回：2010-2014年。 WVS web page, http://www.worldvaluessurvey.org/（2016/08/09 accessed）.
28 調査結果はWVS web page, http://www.worldvaluessurvey.org/に掲載されている。
29 Minkov and Hofstede（2011）pp.15-16, Hofstede et al.（2010）pp.44-45.
30 Hofstede et al.（2010）pp.44-45.
31 Hofstede et al.（2010）の邦訳版（2013年出版）では，この指標は「放縦―抑制」と翻訳されている。拙稿（古川（2012））ではこの指標を「気ままさ―自制」と翻訳し既に発表しているため，本稿においても暫定的に「気ままさ―自制」という訳語を用いて論を進める。
32 Hofstede et al.（2010）pp.252-254, Hofstede and Minkov（2010）p.449.
33 Hofstede et al.（2010）p.34.

34 Hofstede *et al.*（2010）pp.38-39.
35 Mooij（1998）pp.91-92, Mooij（2004）p.46.
36 Hofstede（1991）邦訳, 176-177頁, Hofstede *et al.*（2010）p.239.
37 Hofstede *et al.*（2010）pp.255-259.
38 Hofstede（1991）邦訳, 177-184頁, Hofstede *et al.*（2010）pp.239-275.
39 Hofstede *et al.*（2010）p.281.
40 Hofstede *et al.*（2010）pp.282-286.
41 Hofstede *et al.*（2010）pp.281-286.
42 消費価値概念とは，消費者の価値観についての研究成果である。消費者の価値観である「消費価値」は，消費行動の動因となっている。
43 Sweeney *et al.*（1999）p.79.
44 上田（1999）27-40頁, Brucks *et al.*（2000）pp.359-374.
45 Peter and Tarpey（1975）pp.29-37, Ahtola（1984）pp.623-626, Dodds *et al.*（1991）pp.307-319, Sweeney *et al.*（1999）p.79, Sweeney and Soutar（2001）p.206.
46 Hofstede（1991）邦訳, 60-61頁。
47 Hofstede（1991）邦訳, 99-100頁。
48 Hofstede *et al.*（2010）pp.163-164.
49 Hofstede（1980a）p.42, Hofstede（1980b）p.179, Hofstede（1991）邦訳, 133頁, Hofstede *et al.*（2010）p.208.
50 Hofstede（1980a）p.42, Hofstede（1980b）p.179, Hofstede（1991）邦訳, 133頁。
51 Hofstede *et al.*（2010）p.208.
52 Hofstede（1980a）p.46, Hofstede（1980b）邦訳, 111頁, Hofstede（1991）邦訳, 36頁, Hofstede *et al.*（2010）pp.67-88.
53 Kelman（1961）pp.65-66, Deutsch and Gerard（1955）p.629.
54 Hofstede（1991）邦訳, 68頁。
55 Kelman（1961）pp.62-63.
56 Hofstede（1980a）p.46, Hofstede（1980b）邦訳, 111頁, Hofstede（1991）邦訳, 36頁, Hofstede *et al.*（2010）pp.67-88.
57 同上。
58 Hofstede（1980a）p.36.
59 Hofstede（1980a）p.49, Hofstede（1980b）邦訳, 273頁, Hofstede（1991）邦訳, 99-100頁, Hofstede *et al.*（2010）pp.163-175.
60 Hofstede（1991）邦訳, 177-184頁, Hofstede *et al.*（2010）pp.239-275.
61 Hofstede *et al.*（2010）p.243.
62 Hofstede（1980b）邦訳, 224頁, Hofstede *et al.*（2010）pp.112-117, Mooij（2004）pp.144-146.
63 Hofstede（1991）邦訳, 100頁。
64 Hofstede *et al.*（2010）pp.170-175.
65 Hofstede（1980a）p.273, Hofstede（1980b）p.49.
66 Hofstede *et al.*（2010）p.281.
67 Hofstede *et al.*（2010）pp.281-286.
68 それぞれの概要についてはCian（2011）を参照。
69 ブランド・アイデンティティとは，ブランドの戦略策定者が創造し維持しようとするブランド

の意味であり消費者への約束である [Aaker（1996）p.68]。
70 本研究においてグローバル・ブランドは，母国市場以外の2か国以上に展開しており，かつ海外売上高比率が30％を超えているブランドのことを示す。グローバル・ブランドは複数のブランド・コンセプトを複合的に組み合わせながら展開している（ブランド・コンセプトについては後述）。基本的には世界共通の中核となるブランド・コンセプトを持ちながらも，企業によっては現地市場やブランドの成熟状態に合わせてカスタマイズしたブランド・コンセプトをも部分的に持ち合わせている。
71 Park et al.（1986）p.136.
72 Keller（1993）p.4.
73 Aaker（1991）p.159.
74 Aaker（1991）p.159.
75 Aaker（1996）pp.95-101.
76 和田（2002）20頁。
77 和田（2002）20頁。
78 和田（2002）20頁。
79 和田（2002）20-21頁。
80 和田（2002）52-55頁。
81 Chau et al.（2003）p.168，Liu and Chang（2004）p.1，Runker and Bezdek（2003）pp.218-219，楠村（2007）286-289頁。
82 樋口（2004）102頁。
83 樋口（2004）102頁。
84 樋口（2004）102頁。
85 樋口（2004）104頁。
86 樋口（2004）103頁。
87 樋口（2004）111-112頁。
88 テキストを抽出する対象は，該当するブランドが提供しているWeb上のすべてのページである。
89 ブランド価値の代表的な計測機関であるInterbrand社はグローバル・ブランドの条件として「母国以外での海外売上高比率が30％以上」という基準を設けている。本節でもこの基準に準拠し，海外売上高比率が30％以上の企業を分析対象とした。
90 Hofstede et al.（2010）の提示する各国民文化のスコアが綺麗に分散する10か国を選出した。
91 展開している市場ごとに100ポイントを7つのGBI戦略要素に配分してもらった。この方法はRoth（1995a，1995b）の用いた調査法を採用している。
92 海野・那須川（2010）は，多言語のテキストから知見を発見する需要の高まりを示唆している。複数の言語を扱うテキストマイニングでは，機械翻訳を利用するアプローチが多く用いられており，その有用性も示されている [Steinberger（2012），Banea et al.（2008）]。情報処理や言語処理の分野では機械翻訳を利用してテキスト分析を行った研究が存在する。詳しくはPerea-Ortega et al.（2013）やZhang et al.（2011）を参照されたい。多言語を扱うテキストマイニングにおいて機械翻訳を利用するポイントは次の3点に集約される。第1のポイントは，3つ以上の言語を1つの言語で分析可能なことである。つまり1つの言語尺度で結果を解釈できることが重要な点となる。第2のポイントは，人間による翻訳よりも「再現性が高い」ことである。人間による翻訳の場合，翻訳する人によって結果が変化するため相対的に実験の再現性が低くなってしまう。第3のポイントは，処理できる情報の量である。機械翻訳の場合，一度に大量の情報を処理できる。ただしここで問題となるのは翻訳の精度である。翻訳の精度が低下する

のは大きく，専門用語が多く含まれている場合，翻訳対象が話し言葉の場合，文節をうまく認識できない場合の3つに分けられる。本節では企業のWebページを分析の対象としているが，対象となるWebページは一般消費者向けで専門用語が少なく，ほぼすべて書き言葉で占められている。また文節をうまく機械翻訳システムが認識できるようにWebサイトを一度Adobe社のAcrobatによりpdf化し，そのファイルのまま翻訳システムへ送ることで誤訳のリスクを最小限に抑えた。さらに比較的翻訳精度の高い「内容語（名詞，動詞，形容詞）」のみを分析対象としている。

93 短い文書と比較して，長い文章に含まれているキーワードは自ずと頻度が高くなり，その結果，重み（重要度）も大きくなってしまう。正規化により，考慮対象とする文書の長さによる影響を調整することができる。なお正規化処理にはRMeCabに実装されている正規化関数を利用した。

94 「品質訴求に多くのポイントを配分している複数のサンプルには，共通してWeb上に〇〇というテキストが多く記載されている」等。

  例）分析ワード「手ごろ」（実際の値とは異なる）

   価格訴求（A社 日本市場）40%   ワードの出現頻度 70
   価格訴求（A社 ブラジル市場）30% ワードの出現頻度 65
   価格訴求（B社 日本市場）25%   ワードの出現頻度 40
   価格訴求（B社 中国市場）30%   ワードの出現頻度 60

 「手ごろ」という1ワードだけでも価格訴求，品質訴求，多様性・新規性訴求，集団訴求，ステータス訴求，感情訴求，社会貢献訴求の7パターンと当該ワードの出現頻度間の相関を考慮した。なおWeb内容マイニングを実施したすべてのページに含まれている内容語（名詞・形容詞・動詞）は6万3433語であったので，6万3433×7＝44万4031パターンの結果が得られた。

95 GBI戦略の測定に妥当性を確保するため，本節ではGBI戦略の再現値を外的基準によって得られた値と比較し，両者の関連性を検討した。両者の関連性が高いほどGBI戦略再現値の妥当性が高いといえる（基準連関妥当性）。詳細は古川（2014）を参照。

96 詳細なキーワード選出過程ならびに詳細については古川（2014）を参照。

97 例えばRyans（1988），Smith and Park（1992），Szymanski et al.（1993），Kim and Chung（1997）を参照。

98 Hofstede et al.（2010）による国民文化概念の現代的有用性については前節を参照。

99 GBI戦略を定量化する際には対象国に韓国が含まれていたが，ここでは除外している。韓国で展開されているブランドのWebサイトには，その大半にFlashを多用した仕様がなされており，Web上のテキストデータをうまく収集できない事例が多く発生した。そこでここでは韓国の代わりに比較的類似した国民文化スコアを持つ台湾を考慮することにした。

100 例えばシャンプーや石鹸，化粧品等が該当する。

101 展開されている日用品ブランドは低価格や機能性に特化したものから，ステータス性や革新性を訴求するものまで豊富であるのが特徴である。なお4章以降では具体的なブランドをそれぞれ挙げて説明するが，それらは各訴求の理解を促すための事例であり，より特徴的なブランドを取り扱うために日用品ブランドに限定していない。

102 この方法についてはAiken and West（1991）を参照。

第2部
実証編

　実証編では，GBI戦略の7要素がどのような国民文化圏で効果的に作用するのかをデータに基づきながら検討している。様々なブランドが訴求する7つの要素はWeb内容マイニングにより理論編で定量化したものを用いている。なお価格訴求，品質訴求，多様性・新規性訴求を機能的訴求として4章に，集団訴求，ステータス訴求，感情訴求，社会貢献訴求を観念的訴求として5章にまとめてある。

　各節ではそれぞれの要素をわかりやすくするために，具体的なブランドを取り上げて各訴求の展開例を示した。ブランドはマーケティング活動によって構築されるものである。マーケティング活動とは広告活動だけに限らない。世界的に強いブランドを構築している企業はどのような取り組みを実施してきたのであろうか。そして各訴求はどのような国民文化圏で受け入れられ，またどのような国民文化圏では受け入れられ難いのであろうか。各仮説の詳細については再掲しないので，図表3-1（理論編，p.68）にまとめた仮説一覧を適宜参照して欲しい。

4章
機能的訴求の有効性

第1節　価格訴求

　店頭でブランドに付与されている実売価格と消費者が実際に抱く価格に対するイメージは異なる。消費者の抱く価格に対するイメージは，消費者が様々な情報を自身の価値基準に照らし合わせたうえで判断した結果生まれる。同じ実売価格であったとしても，そのブランドを必ずしも必要としていない消費者は「高い」と知覚するかもしれないし，代替品を入手するために多大な時間コストや労力をかけなければならない消費者は「安い」と知覚するかもしれない。このように消費者の抱く価格に対するイメージは，実売価格によってのみ決まるものではない。ただし消費者の抱くこのようなブランド・イメージは企業側で管理することが可能である。ブランド・イメージの管理は，実売価格だけでなく，製品政策，チャネル政策，プロモーション政策などといったマーケティング活動によって実施される。企業のマーケティング活動は消費者の価値基準を変容させることができるのである。

　ブランドとその中核概念であるブランド・イメージは，企業の様々なマーケティング活動によって消費者の頭の中に形成される無形資産である。本節でも，各国の消費者が抱くブランド・イメージを企業側で管理するためのグローバル・ブランド・イメージ（GBI）戦略に焦点をあてる。GBI戦略とは，ブランド・アイデンティティを各国の消費者に対し訴求する戦略のことである。この訴求を通して企業は消費者の頭の中に好ましいブランド・イメージを形成する。企業の展開する国によって，どのようなGBI戦略が効果的かは

異なることが想定される。本節では消費者に対し低価格イメージを訴求する「価格訴求のGBI戦略（以下，価格訴求と略記）」を取り上げ，この戦略の各国民文化圏における有効性を検証する。

I. 価格訴求の位置づけ

　価格に関連するブランド・コンセプトは，機能的（Functional）コンセプトである。Park *et al.*（1986）は機能的（Functional）コンセプトを提示するにあたり，Fennell（1978）の研究を理論的な基盤としている。Fennell（1978）は，消費者の知覚している7つの製品使用シチュエーションを提示しており，Park *et al.*（1986）はその概念の一部である「現在の問題解決のための消費」，「将来発生しうる問題予防のための消費」といった点を機能的（Functional）コンセプトとしてまとめている。Fennell（1978）は，これら消費シチュエーションの発生要因として「金銭的な問題」という点を含めていることから，Park *et al.*（1986）の提示した機能的（Functional）コンセプトには価格といった側面も含まれていることがわかる。

　Keller（1993）以降のブランド便益研究においても，機能的（Functional）便益の中に価格という概念は位置づけられたままであった。2章ではこれを問題意識の一部として捉え，Sheth *et al.*（1991a, 1991b）による消費価値研究を基盤としながらブランド・コンセプト（便益）を整理し，機能的（Functional）を価格と品質という側面に分けている。

　Sheth *et al.*（1991a, 1991b）による消費価値研究では，既存のブランド・コンセプト（便益）研究と同様に，価格という要素は機能的（Functional）概念の一部として位置づけられていた。しかしSheth *et al.*（1991a, 1991b）以降の消費価値研究においては，機能的（Functional）概念を細分化しようとする試みが実証的になされている。例えばSweeney and Soutar（2001）はSheth *et al.*（1991a, 1991b）の提示する消費価値が単純なものであるとしたうえで，定量的な検証から機能的（Functional）概念が価格と品質という要素に細分化できることを示している。またPura（2005）による研究においても同様にSheth *et al.*（1991a, 1991b）の提示する機能的（Functional）概念の

細分化が試みられており、定量的な検証の結果、金銭的と利便性といった2つの側面に細分化できることを示している。このように機能的（Functional）概念は価格と品質という2つの側面に分けることができる。消費者にとって、価格とはブランドを獲得するための犠牲でありネガティブな要素である一方で、品質とは消費者が受け取る恩恵でありポジティブな要素なのである（図表4-1）。

図表4-1　機能的ブランド・コンセプトと価格訴求

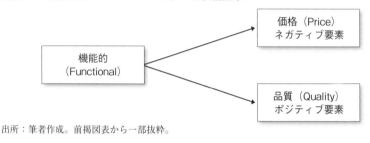

出所：筆者作成。前掲図表から一部抜粋。

II. Costco

　価格訴求を重点的に展開しているブランドとしてCostcoがある。Costco（本社：アメリカ合衆国シアトル）は世界10か国に展開している小売業で、年間の売り上げが約14兆2700億円を誇っている。同ブランドはMillward BrownのBrandZランキング（2015）では97位、Brand FinanceのGlobal 500（2016）では103位にランクインしている。またDeloitteの世界小売業ランキング（2016）では2位にランクインしている。Costcoは会員になった者のみが店舗に入ることができる会員制を導入しており、総会員数は1億2000万人を超える。Costcoがこれほど多くの会員を集めている秘訣は、同ブランドの徹底的な価格訴求にある。Costcoは「常に経費を節約し、その分を会員の皆さまに還元する」という経営哲学を掲げており、それを体現するために常に様々なコストを削減し、低価格の商品を消費者に届けられるよう努力している。ブランド名にも消費者の商品に支払う代償「Cost」に徹底的に取り組む「Corporation」という意味合いが込められている。

Costcoは1976年の創業以来，一貫して巨大な倉庫の中で商品を販売するスタイルを採用している。そのためCostcoにおいて店舗は「倉庫店」と呼ばれている。これは経費を節約し，また大量の商品を陳列するためであるが，それと同時に倉庫での販売スタイルは消費者に低価格をイメージさせるトリガー（引き金）となっている。これまで述べてきた通り，GBI戦略はマーケティングによって構築されている。つまり価格訴求といえども，決して低価格を謳うだけでは無い。倉庫販売という店舗での見せ方にも価格訴求の要点があるのだ。倉庫での販売は一般的な店舗での販売に比べて，消費者が商品を見にくかったり手に取りづらかったりすることがある。ただしCostcoの場合，徹底的な価格訴求が実施されているので，消費者も「わざわざ倉庫で販売している商品＝低価格」というイメージを抱きやすい。

　また店舗で販売されている商品に関しても工夫されている。Costcoは様々な商品を買い付けて店舗で販売しているだけでなく，自社のプライベートブランド（PB）を作成し販売している。例えばPBで販売されている商品に，「Eyeglass Care Kit」というメガネやサングラスをメンテナンスするための道具がある。メンテナンスのために必要な液体ボトルがここに含まれているが，このボトルを再度店舗に持参すればいつでもリフィル（最充填）が無料で実施できるサービスを展開している。店舗側からすれば何度も無料でリフィルをされてしまえば利益を圧迫されてしまうことになる。ただし，そこまでしても消費者に低価格であり経済的というイメージを定着させたい同ブランドの意図が読み取れる。

　さらに会員制というスタイルを採用することも低価格訴求の重要なポイントとなっている。先述した通り，Costcoは店舗で大量の商品を販売しており，消費者も大量に商品を購買することで低価格を享受できるようになっている。ただし，消費者は1世帯でその商品をすべて消費しきれないことが多い。そのため会員は非会員と購買した商品をシェア（共有）することが多い。その結果，非会員であってもCostcoの提供する低価格便益に触れることができるようになる。会員は非会員に情報を発信するゲートキーパーとしての役割を自然に担うことになるのだ。このようにしてCostcoの低価格イメージが非会員へと拡散するようになっているのである。それではCostcoのような価格訴

求のブランドは，どのような国民文化圏で特に躍進が期待できるのか。価格訴求と国民文化についての検証結果は次のようになった。

III. 結果と解釈

検証の結果，価格訴求×品質訴求×長期志向－短期志向，価格訴求×多様性・新規性訴求×気ままさ－自制，そして価格訴求×ステータス訴求×GDP（PPP）の交互作用項が有意な値を示していた（$p<.10$）。そこで交互作用項が有意であったこれら3つの項目に対して，単純傾斜の有意性検定を実施した。[7]

1. 価格訴求×品質訴求×長期志向－短期志向

図表4-2に価格訴求×品質訴求×長期志向－短期志向の単純傾斜有意性検定の結果を示した。これを見ると長期志向の社会では，ブランドの品質訴求を採用する度合いが高く，かつ価格訴求の採用度合いも高いほどマーケットシェアが高くなることが示されている（$B=2.371$, $p<.10$）。しかし長期志向の社会で，品質訴求の採用度合いが低い場合では，価格訴求の採用度合いを変化させても有意なマーケットシェアの変化を確認できなかった（$B=-1.216$, $p=n.s.$）。この結果は，長期志向の社会では高品質イメージがブランドに訴求されている場合に限って，価格に関するイメージ訴求が有効になってくることを示している。長期志向の社会において，価格訴求が負の影響力を持っていることは確認できなかった。以上より仮説1-1aは支持されなかった。

仮説では，価格訴求は長期志向の社会において負の影響を持つとしていた。これは長期志向の社会では，良いモノを長く使うという人々の特徴を前提としている。価格と品質はトレードオフの関係にあるため，低価格イコール粗悪品といったイメージ持った消費者はブランドの購買を敬遠するのではないかという仮説であった。しかし本検証の結果を踏まえると，長期志向の社会であっても，しっかりと品質訴求を実施することで粗悪品というイメージが払拭されていれば，低価格イメージの訴求が有効に作用することがわかる。

一方で短期志向の社会において，品質訴求の採用度合いが高い場合は，価格訴求の採用度合いを変化させても有意なマーケットシェアの変化は確認で

図表4-2 価格訴求×品質訴求×長期志向−短期志向の単純傾斜分析

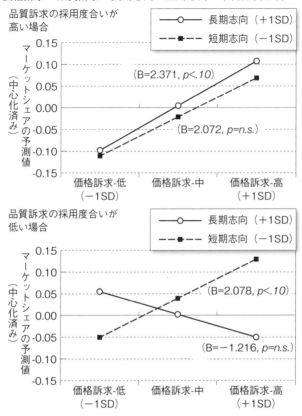

注：予測値は0が平均を示している。
出所：筆者作成。

きなかった（B=2.072, p=n.s.）。しかし短期志向の社会において，品質訴求の採用度合いが低く，かつ価格訴求の採用度合いが高くなるほどマーケットシェアが高くなることが示されている（B=2.078, p<.10）。本節ではGBI戦略の各訴求を全訴求に占める割合で算出している。そのためこの結果は，短期志向の社会では品質訴求以外のGBI戦略が展開されている場合，価格訴求が有効であることを示している。品質訴求以外のどのようなGBI戦略と価格訴求の組み合わせが短期志向の社会において有効であるのかは，現段階では不明である。この点は今後詳細に検証していく必要がある。品質訴求の採用

第2部　実証編

図表4-3　長期志向から短期志向にかけてのマーケットシェア推移

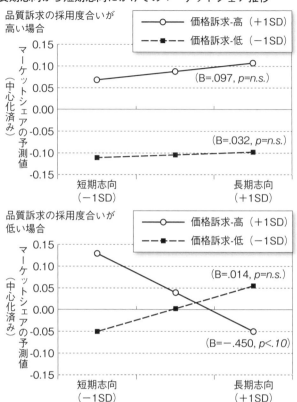

注：予測値は0が平均を示している。
出所：筆者作成。

度合いが高い場合では効果が確認できなかったが，部分的に短期志向の社会において価格訴求の正の影響力を確認できた。以上より仮説1-1bは部分的に支持された。短期志向の社会では，品質訴求の採用度合いが高い場合は価格訴求の有効性が確認できなかったものの，それ以外の場合では価格訴求がマーケットシェアの上昇に有効であることが確認できた。この結果から，短期志向の社会においては，低価格イメージが消費者に受け入れられる傾向が読み取れる。人々は浪費の特徴があり，貯蓄が少なく，かつ消費に回す資金が少ないため，できるだけ手ごろな価格のブランドを受け入れようとするので

はないだろうか。

続いて仮説1-1cを検証するため，図表4-3に長期志向－短期志向をx軸に変換した場合の価格訴求×品質訴求×長期志向－短期志向の単純傾斜分析結果を示した。品質訴求の採用度合いが高い場合を見ると，価格訴求採用度合いが高い場合も（B=.097, $p=n.s.$），低い場合においても（B=.032, $p=n.s.$）長期志向―短期志向の値を変化させても，有意なマーケットシェアの変化は確認できなかった。一方で品質訴求の採用度合いが低い場合を見ると，価格訴求の採用度合いが高い時に長期志向から短期志向になるにつれマーケットシェアを高めている（短期志向から長期志向になるにつれマーケットシェアが低くなっている）ことを確認した（B=－.450, $p<.10$）。価格訴求の採用度合いが低い場合は，長期志向－短期志向の値を変化させてみても，有意なマーケットシェアの変化は確認できなかった（B=.014, $p=n.s.$）。以上より，品質訴求の採用度合いが高い場合では長期志向－短期志向間におけるマーケットシェアの推移は確認できなかったが，品質訴求の採用度合いが低い場合では，短期志向になるにつれ価格訴求がマーケットシェアを高めることを確認できた。以上より仮説1-1cも部分的に支持された。この結果からも，やはり，長期志向の社会になるにつれ価格訴求を有効に作用させるには，品質訴求の強調が必要であることが推察される。

2. 価格訴求×多様性・新規性訴求×気ままさ－自制

図表4-4に価格訴求×多様性・新規性訴求×気ままさ－自制における単純傾斜有意性検定の結果を示した。

これを見ると，自制を志向する社会ではブランドの多様性・新規性訴求の採用度合いが高く，かつ価格訴求も高いほどマーケットシェアが高くなることが示されている（B=3.509, $p<.05$）。しかし自制を志向する社会で，多様性・新規性訴求の採用度合いが低い場合では，価格訴求の採用度合いを変化させてみてもマーケットシェアの有意な変化が確認できなかった（B=.358, $p=n.s.$）。この結果は，自制を志向する社会では，種類の豊富さやブランドの新しさを訴求するイメージが強いブランドに限っては，低価格イメージの訴求が有効となることを示している。価格訴求の効果は限定的ではあるが，以

第2部 実証編

図表4-4 価格訴求×多様性・新規性訴求×気ままさ－自制の単純傾斜分析

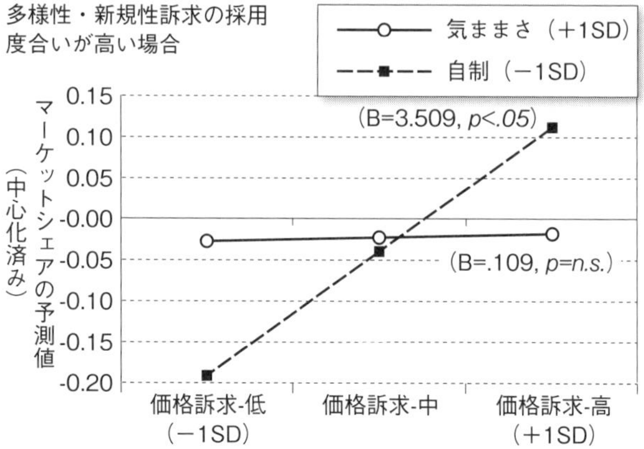

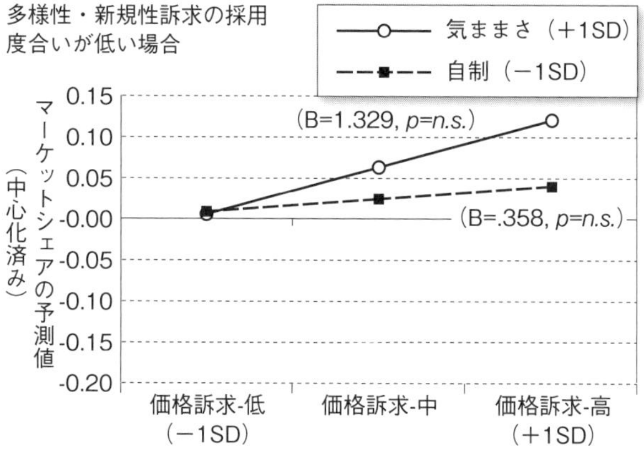

多様性・新規性訴求の採用度合いが高い場合
― 気ままさ（＋1SD）
--- 自制（－1SD）

マーケットシェアの予測値（中心化済み）

(B=3.509, p<.05)
(B=.109, p=n.s.)

価格訴求-低（－1SD）／価格訴求-中／価格訴求-高（＋1SD）

多様性・新規性訴求の採用度合いが低い場合
― 気ままさ（＋1SD）
--- 自制（－1SD）

(B=1.329, p=n.s.)
(B=.358, p=n.s.)

価格訴求-低（－1SD）／価格訴求-中／価格訴求-高（＋1SD）

注：予測値は0が平均を示している。
出所：筆者作成。

上より仮説1-2は部分的に支持された。なお気ままさを志向する社会では，多様性・新規性訴求の採用度合いが高い場合でも（B=.109, $p=n.s.$），低い場合においても（B=1.329, $p=n.s.$），価格訴求採用度合いの変化によるマーケットシェアの有意な変化を確認できなかった。

自制を志向する社会において，価格訴求を有効に作用させるには，なぜ多様性・新規性訴求の強調が必要なのか，ここで得られたデータのみではその解釈ができない。本点については，後述する多様性・新規性訴求の検証結果を含めて，今後より詳細に検討していく必要がある。

3. 価格訴求×ステータス訴求×GDP（PPP）

価格訴求×ステータス訴求×GDP（PPP）については，本節において仮説を設定した項目ではないが，検証により明らかになった要素として単純傾斜の有意性検定結果と若干の解釈を示す。図表4-5に価格訴求×ステータス訴求×GDP（PPP）の単純傾斜有意性検定の結果を示した。

ここではGDP（PPP）が高い国では，ブランドのステータス訴求を採用する度合いが高く，かつ価格訴求の採用度合いが高いほどマーケットシェアが高くなることが示されている（B=2.773, $p<.01$）。また同様にGDP（PPP）

図表4-5　価格訴求×ステータス訴求×GDP（PPP）の単純傾斜分析

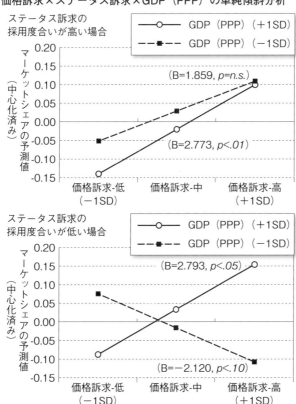

注：予測値は0が平均を示している。
出所：筆者作成。

の高い国で，ステータス訴求の採用度合いが低い場合でも，価格訴求の採用度合いが高いほどマーケットシェアが高くなることが示されている（B=2.793, $p<.05$）。以上よりGDP（PPP）の高い国では，ステータス訴求の採用度合いに関わらず価格訴求はマーケットシェアに対して正の影響力があるといえる。一方でGDP（PPP）の低い国で，かつステータス訴求の採用度合いが高い場合においては，価格訴求の採用度合いを変化させてもマーケットシェアの有意な変化を確認できなかった（B=1.859, $p=n.s.$）。ただしGDP（PPP）の低い国で，かつステータス訴求の採用度合いが低い場合，価格訴求の採用度合いが高いほどマーケットシェアが低くなることが示されている（B=−2.120, $p<.10$）。

またGDP（PPP）をx軸に変換してみると（図表4-6），ステータス訴求の採用度合いが低いブランドに関しては，価格訴求の採用度合いが高い場合，GDP（PPP）が低い国から高い国にかけてマーケットシェアを伸ばしていることがわかる（B=.569, $p<.01$）。反対に価格訴求の採用度合いが低い場合，GDP（PPP）が低い国から高い国にかけてマーケットシェアを減らしている（B=−.355, $p<.05$）。ステータス訴求の採用度合いが高いブランドに関しては，価格訴求の採用度合いが高い場合も（B=−.021, $p=n.s.$），低い場合でも（B=−.193, $p=n.s.$），GDP（PPP）の値を変化させることによるマーケットシェアの有意な変化を確認できなかった。

GDP（PPP）の異なる国における価格訴求の効果は市場で販売されているブランドの価格レンジに関係することが想定される。価格訴求は「手ごろ」や「値引き」，「セール」といったキーワードに特徴づけられるが，これらはブランドの価格レンジが広い場合に特に強い意味を持つと考えられる。市場で販売されているブランドの価格レンジが狭い場合，消費者はこのようなキーワードを提示されても，実売価格の振れ幅が小さいために受けるインパクトが小さいのである。ブランドの価格レンジは同一のブランドカテゴリーにおける商品選択肢の豊富さ（ブランド数の多さ）に比例すると考えられる。経済発展の未発達な国では，相対的にブランドの選択肢が豊富ではなく，ブランドの価格レンジも狭い。ただし経済が発展するにしたがい，大量消費社会へ移行することでブランドの選択肢も増大する。その結果，ブランドの価格レ

図表4-6　価格訴求×ステータス訴求×GDP（PPP）の単純傾斜分析（GDP（PPP）軸）

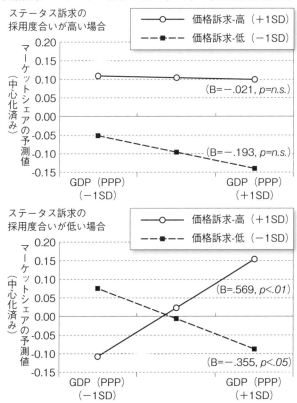

注：予測値は0が平均を示している。
出所：筆者作成。

ンジも広がる。その後さらに経済発展が進み大量消費社会を超えるに従ってプレミアムブランドが充実してくる。その結果さらにブランドの価格レンジが広がるという構図である。この構図にしたがうと、価格訴求は経済が発展するほど消費者にインパクトを与えることになると考えられる。ただし本検証の結果のみではこの考えを裏づけることはできない。以上は、本節の検証結果に対する新たな仮説である。この仮説は課題として今後詳細に検証していきたい。

第2節　品質訴求

　ブランドは元来,商品を識別するための印であった。後にこの識別印は,消費者にとって品質保証の意味合いを持つこととなる。消費者は自身が処理する情報量を減らすために,この識別印を利用した。これまで利用したことのある商品と同じ識別印のついた商品を購買することで,消費者は改めて自身で商品の品質を精査しなくても良くなったのである。そして現代におけるブランドは,品質保証の意味合いだけでなく,様々な価値の保証を担う存在となっている。ブランドを所持することで,消費者にステータス性を保証するものや,デザイン性,楽しさ等を保証するものがこれにあたる。ブランドとは消費者の頭の中に蓄積していく企業の無形資産である。企業はブランドを構築するために,様々な価値をマーケティング活動により訴求し,自社にとって好ましいブランドのイメージを形成するのである。これまで日本のブランドは世界的に,高品質というイメージを消費者に抱かれ,高品質の印とみなされてきた。しかし日本のブランドが世界で展開するにあたって,高品質というイメージは必ずしも好意的に捉えられるとは限らない。価格にセンシティブな消費者が多い国では,高品質だからこそ価格も高いと判断され購買時に消費者の選択肢にすら入らないこともある。また品質以外の存在に価値を見出す消費者が多い国では,品質が高いのはもはや当然と捉えられ,それを超えた価値を重要視する。

　本節の目的は,高品質イメージを訴求する品質訴求のGBI戦略(以下,品質訴求と略記)が世界の各国民文化圏でどのように作用するのかを検証することである。国民文化は,Hofstede *et al.* (2010)のスコアを用いた。GBI戦略とはブランド・アイデンティティを各国の消費者に対して戦略的に訴求するものである。本節の検証により,高品質イメージが有効に作用する国民文化圏と,そうでない国民文化圏が明らかになる。品質訴求が有効ではない国民文化圏では,品質を超えた価値をグローバル・マーケティングにより訴求する必要がある。

I. 品質訴求の位置づけ

　品質という概念は既存研究の中において様々な意味で用いられている。そこで本節では主要な既存研究による品質の捉え方と本節における品質訴求の位置づけを整理しておく。図表4-7にブランドの品質に関する既存研究と本節における品質訴求の位置づけを示した。

　品質訴求に関連するブランド・コンセプトはPark *et al.*（1986）の機能的（Functional）コンセプトである。Park *et al.*（1986）は機能的（Functional）側面を提示するにあたり，Fennell（1978）の研究を理論的な基盤としている。前節でも示した通り，Fennell（1978）は消費者の知覚している7つの製品使用シチュエーションを提示している。そしてPark *et al.*（1986）はその概念の一部である「現在の問題解決のための消費」，「将来発生しうる問題予防のための消費」といった点を機能的（Functional）側面としてまとめている。Fennell（1978）は，これら消費シチュエーションの発生要因として「金銭的な問題」という点を含めていることから，Park *et al.*（1986）の提示した機能

図表4-7　品質訴求の位置づけ

本論	品質訴求			…
Park *et al.*（1986）	機能的（Functional）コンセプト			…
Keller（1993）	機能的（Functional）便益			
Zeithaml（1988）	知覚品質			
	製品属性によるもの		価格	評判
和田（2002）	基本価値	便宜価値		…
Hsieh（2002）	実用的（Utilitarian）便益		経済的（Economic）便益	…

注：概念間の対応は完全に一致するとは限らないので注意されたい。
出所：既存研究の整理により筆者作成。

的(Functional)側面にはブランドの価格といった点も含まれていることがわかる。本節における品質訴求との相違点を示しておくと，Park *et al.*（1986）による機能的（Functional）コンセプトには価格という要素が含まれているものの，品質訴求には価格という要素は含まれていないという点である。

「消費者の知覚する品質」といった視点から行われている研究としてはZeithaml（1988）が存在する。Zeithaml（1988）は消費者による製品品質についての判断を「知覚品質」とし，その構成要素として「製品属性によるもの」だけでなく「価格」や「評判」も含めている。本節における品質訴求は，製品の機能性や性能といった特質等によってもたらされる「製品・サービス属性によるもの」に限定される。「価格」や「評判」といった要素は他の概念として捉えている。また和田（2002）は消費者が受け取る製品の便益として基本価値，便宜価値，感覚価値，観念価値の4つを提示している。その中で品質に関わる便益としては基本価値と便宜価値がある。基本価値とは「製品がカテゴリーそのものとして存在するためになくてはならない価値」[8]とされている。基本価値があってはじめてモノは製品として成立する。便宜価値は「消費者が当該製品を便利に楽しくたやすく購買し消費しうる価値」[9]とされている。ここでは価格といった要素も便宜価値に含まれている。本節における品質訴求は基本価値と便宜価値の一部に該当し，便宜価値に含まれる価格といった要素は含まれない。

消費者の知覚する便益を定量的に検証した代表的研究としてはHsieh（2002）が挙げられる。Hsieh（2002）は，消費者の知覚するブランドの便益は各国の市場で共通性があるのかどうかを定量的に検証している。20か国，計70地域において自動車保有者に対する調査を実施しサンプルを検証した結果，Hsieh（2002）は4つのブランド便益が存在していることを確認している。それらは実用的（Utilitarian），経済的（Economic），感覚的（Sensory），象徴的（Symbolic）である。その中で品質に関わる便益は実用的（Utilitarian），経済的（Economic）である。実用的（Utilitarian）とは，製品やサービスの品質を意味する。ここでは製品の耐久性やサービスの信頼性などが挙げられる。経済的（Economic）とは，当該製品を利用することによって得られる効率性を意味する。これには製品の価格や自動車の燃費性能が挙げられている。こ

こでも品質訴求は，実用的（Utilitarian）と価格という要素を除いた経済的（Economic）の一部に該当する。

　本節では既存研究で示されているような，価格や評判といった要素は品質訴求には含めていない。これらの要素を含めて品質訴求の各国民文化圏における有効性を検証したとしても，得られた結果を踏まえて企業はどのようなイメージを訴求していけよいのかが不明瞭になってしまうためである。価格や評判といった要素は別のGBI戦略として考慮する。前述した通り，本節では２章で提示した品質訴求の概念に基づいて検証を進める。

II. Canon

　品質訴求を重点的に展開しているブランドとしてCanonがある。Canon（本社：東京都大田区）は世界220以上の国や地域に展開している製造業で，全世界における年間の売り上げは約３兆7000億円である。同ブランドはInterbrandのBest Global Brandランキング（2015）で40位，Brand FinanceのGlobal 500（2016）では196位にランクインしている。Canonは主に，カメラ等のイメージングシステム事業，そしてファックスやコピー機器等のオフィス向け事業や産業機器事業を取り扱っている。同ブランドはCanon Qualityという品質理念を掲げ，消費者にSafety・Smartness・Satisfactionの「３S」を提供するという理念を徹底している。2007年以降は品質革新戦略専門委員会という組織を運用し全社員１人１人がCanon Qualityを意識し実践できるように品質至上主義を徹底している。消費者に品質が高いことを認識してもらうために，Canonは世界各国においてアフターサービスに注力している。世界各国で均一レベルのアフターサービスを展開できるように，グローバル・データベースを設けて各国での対応にバラつきの出ないようにしている。特に世界の幅広い場所で，アフターサービスが提供できる拠点網や人員を抱えていることは特筆すべき点である。

　上述したように，品質訴求を消費者が受け入れるのは，高い品質の商品が「現在の問題解決」や「将来発生しうる問題予防」という便益を提供するからである。製品自体の品質が確保されていることはもちろんであるが，消費者

が何か問題を抱えた場合にそれを解決するサポートまで包含した商品を提供することで，消費者は高い品質を実感することができるのである。消費者が高品質を望むのは，あくまでも消費者自身が抱える問題の解決や予防を通して安心感を獲得するためである。商品自体だけでなく，アフターサービスまで含めた品質によって醸成されたブランドのイメージは消費者の中に定着することで，同ブランドの派生商品にも高品質のイメージが移転されるようになる。またCanonの提供する製品のように「使用に際して専門的な知識が必要な場合があるもの」については，既存客が新規顧客を開拓することが多い。つまり新規顧客は，自分の知識だけでは補いきれない情報を既存客から仕入れるのである。その意味で，アフターサービスによってもたらされた高品質イメージは新規顧客にも移転される可能性が高いのである。

　これまで多くの日本企業が商品の品質に傾倒した展開を実施しており，グローバル・ブランドを構築できていないということを主張してきた。しかしそれでも，品質訴求を重要視した日本企業で，グローバル・ブランドランキングにランクインしている企業は確かに存在しており，そこにはある共通点がある。それはランクインしている日本企業の多くがR&D集約財製造業であることだ。ここで挙げているCanonは光学機器を取り扱う産業に分類される。またその他にランクインしている日本企業のほとんどは自動車製造業である。上述した内閣府（2011）の定義ではR&D集約財製造業には自動車製造業は含まれていなかったが，自動車製造業も相対的にR&Dへ多くの投資を要することが容易に考えられる。製品の精密性や安全性が特に重要視されるものについては，品質という点が消費者にとって特に考慮される。その点でこれらの商品群には品質訴求が一定の有効性を持つことが想定される。ただしランクインしているこれらの日本企業がグローバル・ブランドランキング内で，その順位を低下させてきていることを鑑みると，更なる躍進を望むには品質訴求だけでなくその他のイメージ訴求も積極的に考慮しなければならない。品質以外によるイメージ訴求の有効性については別の箇所で触れることにして，続く本文では「品質訴求傾向の強いブランドは，特にどのような国民文化圏で受け入れられやすいのか」を検討する。

III. 結果と解釈

検証の結果，品質訴求×個人主義−集団主義（$p<.05$），そして品質訴求×集団訴求×男性らしさ−女性らしさ（$p<.01$）と品質訴求×不確実性回避×長期志向−短期志向（$p<.01$）の交互作用項に有意な値を確認した。さらに仮説で考慮しなかった項目に関しても，品質訴求×権力格差（$p<.01$），品質訴求×気ままさ−自制（$p<.05$）に有意な値を確認した。交互作用項が有意であったこれらの項目に対して，単純傾斜の有意性検定を実施した。

1. 品質訴求×個人主義−集団主義

図表4-8に品質訴求×個人主義−集団主義の単純傾斜有意性検定による結果を示した。図表4-8上図を見ると個人主義社会では品質訴求の採用度合いが高いほどマーケットシェアが高くなることがわかる（$B=1.355$, $p<.10$）。一方で集団主義社会では品質訴求の効果を確認することができなかった（$B=-1.042$, $p=n.s.$）。また図表4-8下図を見てみると，集団主義社会から個人主義社会になるに従って，品質訴求の採用度合いが低いブランドはマーケットシェアが低くなることがわかる（$B=-.446$, $p<.01$）。品質訴求の採用度合いが高いブランドに関しては効果を確認できなかった（$B=.079$, $p=n.s.$）。この結果は，個人主義社会に限っては品質訴求が有効に作用することを示している。以上より仮説2-1は支持された。Roth（1995a）では機能的（Functional）は，個人主義社会において有効に作用するとされていた。本節の検証結果から，Roth（1995a）の示した機能的（Functional）は，その概念から価格という要素を除いても，同様に個人主義社会において有効に作用することがわかった。個人主義社会において，品質訴求の採用度合いが低いブランドは，ブランドに関する言語化された事実やデータが多く示されておらず，その結果マーケットシェアを低めていると考えられる。ただし本検証の結果のみでは，その原因が「個人主義社会に低コンテクスト文化を持つ国が多いから」であるかどうかは不明である。今後はコンテクスト文化と品質訴求の関係性を詳細に検証していく必要がある。

図表4-8 品質訴求×個人主義－集団主義

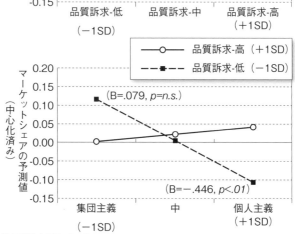

注：予測値は0が平均を示している。
出所：筆者作成。

2. 品質訴求×集団訴求×男性らしさ－女性らしさ

　図表4-9に品質訴求×集団訴求×男性らしさ－女性らしさの単純傾斜有意性検定による結果を示した。図表4-9上図の集団訴求採用度合いが高いブランドについては，男性らしさを持つ社会においても（B=.281, $p=n.s.$），女性らしさを持つ社会においても（B=.177, $p=n.s.$）品質訴求とマーケットシェアの有意な関係性が見られなかった。図表4-9下図の集団訴求採用度合いが低いブランドについても同様で，男性らしさを持つ社会においても（B=-.280, $p=n.s.$），女性らしさを持つ社会においても（B=.509, $p=n.s.$）品質訴求とマーケットシェアの有意な関係性が見られず，事後検定を実施した結果，有

4章 機能的訴求の有効性

図表4-9 品質訴求×集団訴求×男性らしさ－女性らしさ

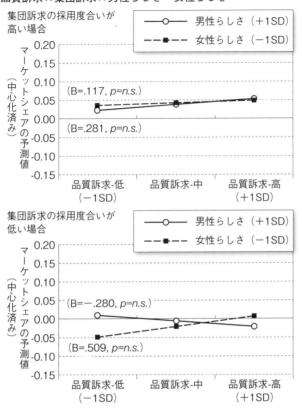

注：予測値は0が平均を示している。
出所：筆者作成。

意な値を示している効果を確認できなかった。また品質訴求と男性らしさ－女性らしさの関係について，2要因交互作用項の品質訴求×男性らしさ－女性らしさの項目にさかのぼってみても，有意な値を確認することができなかった。以上より仮説2-2を支持する結果は得られなかった。仮説2-2は，男性らしさの強い社会においては，人々はブランドの示すデータに関心があるため品質訴求が正の影響力を持つというものである。しかし男性らしさの強い社会において品質訴求の大きな影響力を確認できなかったことを考慮すると，人々は必ずしも「品質」に関わるデータに興味を持っている訳ではないのかもしれないということが推察される。男性らしさを持つ社会では自己主張や

社会での競争が重要視されているために，それを体現する「ステータス」に関わる（例えば，消費者調査で人々が憧れるブランド○年連続No.1獲得などといった）データに人々は興味を持っているということも考えられる。今後はステータス訴求をはじめとした品質訴求以外のGBI戦略と男性らしさ－女性らしさの交互作用を検討しながら，この点を明らかにする必要がある。

3．品質訴求×不確実性回避×長期志向－短期志向

図表4-10に品質訴求×不確実性回避×長期志向－短期志向の単純傾斜有意性検定による結果を示した。

不確実性回避が強い社会（図表4-10上図）で，かつ長期志向の社会の場合も（B=.544, $p=n.s.$），短期志向の社会の場合も（B=.443, $p=n.s.$），品質訴求のマーケットシェアへの有意な関係性を確認できなかった。一方で不確実性回避が弱い社会（図表4-10下図）で，かつ長期志向の社会の場合，品質訴求の採用度合いが高いブランドほどマーケットシェアが高くなることがわかった（B=2.224, $p<.05$）。また不確実性回避が弱い社会で，かつ短期志向の社会の場合，品質訴求の採用度合いが高いブランドほどマーケットシェアが低くなることもわかった（B=-2.584, $p<.05$）。仮説2-3では，不確実性回避が強い社会においては品質訴求が有効であるとした。しかし不確実性回避が強い社会においては品質訴求とマーケットシェアの関係性が確認できず，反対に不確実性回避が弱い社会において関係性が確認できたことを考慮すると，仮説2-3を支持する結果が得られなかったと帰結するのが妥当である。不確実性回避が強い社会では品質訴求の大きな効果が確認できなかったのに対して，不確実性回避が弱い社会ではその効果が確認できた。この結果から，不確実性回避が強い社会では企業の発信する情報を人々はあまり重要視しないのではないかということが考えられる。つまり企業の発信する情報に対して人々は不確実性を懸念しているということである。現代において人々は消費者レビューなどの第三者情報を，様々な方面から収集することができる。不確実性回避の強い社会では，企業の発信する情報よりも，周囲の評価等を重要視する傾向があるのではないだろうか。その結果，本検証では仮説を支持する結果が得られなかったのではないだろうか。この点は本検証から得られた新

4章 機能的訴求の有効性

図表4-10 品質訴求×不確実性回避×長期志向－短期志向

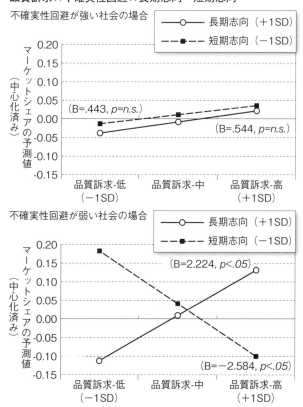

注：予測値は0が平均を示している。
出所：筆者作成。

たな仮説として今後明らかにしていきたい。

　仮説2-4は，長期志向の社会では，品質訴求が有効であるというものである。本検証の結果を踏まえると，不確実性回避が弱い社会でかつ長期志向の社会の場合に限って，品質訴求が有効であることを確認した。以上より仮説2-4は部分的に支持された。不確実性回避が弱い社会でかつ長期志向の社会において，人々は品質訴求を基に長期的に利用できるブランドを選定していると考えられる。検証結果では，不確実性回避が弱い社会でかつ短期志向の社会においては，品質訴求が負の影響を持っていた。Hofstede（1991）によれば，短期志向の社会では人々は，長期的な考え方を持たず浪費の特徴があ

113

り，貯蓄が少なく，かつ消費に投資にできる資金が少ないことが示されている[12]。そのため，消費者はできるだけ手ごろな価格のブランドを消費しようとすることが考えられる。またSweeney *et al.*（1999）によれば，価格と品質との間にはトレードオフ関係が存在するとしている[13]。価格は消費者にとって品質バロメーターとしての役割を担っているのである[14]。そのために，短期志向の社会において品質訴求の負の影響が確認されたと考えられる。この点は今後，価格訴求，品質訴求と短期志向の3要素の関係をより深く検証することによって明らかにする必要がある。

4. その他の明らかになった点

本節において仮説を設定しなかった項目についても，品質訴求×権力格差と品質訴求×気ままさ－自制の2つの2要因交互作用項が有意な値を示していた。これらについても，検証によって明らかになった項目として単純傾斜有意性検定の結果と若干の解釈を示す。

（1）品質訴求×権力格差

図表4-11に品質訴求×権力格差の単純傾斜有意性検定による結果を示した。図表4-11上図を見ると，権力格差が大きい社会では，品質訴求の採用度合いが高くなるほどマーケットシェアが高くなることが示されている（B=2.250, *p*<.01）。反対に，権力格差の小さい社会では，品質訴求の採用度合いが高くなるほどマーケットシェアが低くなることが示されている（B=−1.937, *p*<.05）。図表4-11下図を見ると，品質訴求の採用度合いが高いブランドは，権力格差が大きくなるほどマーケットシェアが高くなることが確認できる（B=.833, *p*<.10）。反対に，品質訴求の採用度合いが低いブランドは，権力格差が大きくなるほどマーケットシェアも低くなることが確認できる（B=−.749, *p*<.10）。

権力格差の大きい社会では人々の連帯意識が希薄で，周囲の人たちへの不信感を持っているとされている。権力格差の大きい社会において，周囲の人たちは自身の立場を脅かす脅威とみなされているのである。そのため人々は周囲の評価といった情報よりも，企業の発信する品質訴求の情報を重要視しているのではないだろうか。一方で権力格差の小さい社会においては，人々

図表4-11 品質訴求×権力格差

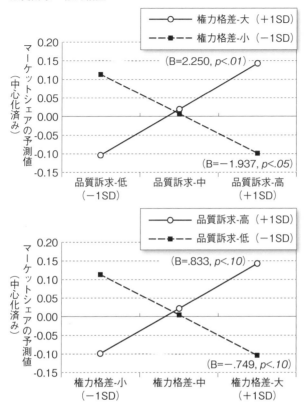

注：予測値は0が平均を示している。
出所：筆者作成。

は相互依存すべきであると考えられており，皆が連帯感を持って活動するとされている。そのため人々は，企業の発信する品質訴求よりも周囲の評価といった情報を重要視すると考えられる。結果からは権力格差の小さい社会では品質訴求の採用度合いが低いブランドほどマーケットシェアが高くなっていることがわかる。本検証では品質訴求を全訴求に占める割合で算出している。そのためこの結果は，権力格差の小さい社会では品質訴求以外のGBI戦略が展開されている場合，マーケットシェアが高くなることを示している。品質訴求以外のどのようなGBI戦略が権力格差の小さい社会において有効であるのかは，現段階では不明である。この点は今後検証していく必要がある。

（2）品質訴求×気ままさ－自制

次に品質訴求×気ままさ－自制の単純傾斜有意性検定による結果を示した（図表4-12）。

図表4-12上図を見ると，気ままさを志向する社会では品質訴求の採用度合いが高いブランドほどマーケットシェアが高くなることが示されている（B=1.748, *p<.05*）。反対に自制を志向する社会では，品質訴求の採用度合いが高いブランドほどマーケットシェアが低くなることが示されている（B=－1.434, *p<.10*）。図表4-12下図を見ると，品質訴求の採用度合いが高いブランドは，気ままさを志向する度合いが大きい社会ほどマーケットシェアが高くなること

図表4-12　品質訴求×気ままさ－自制

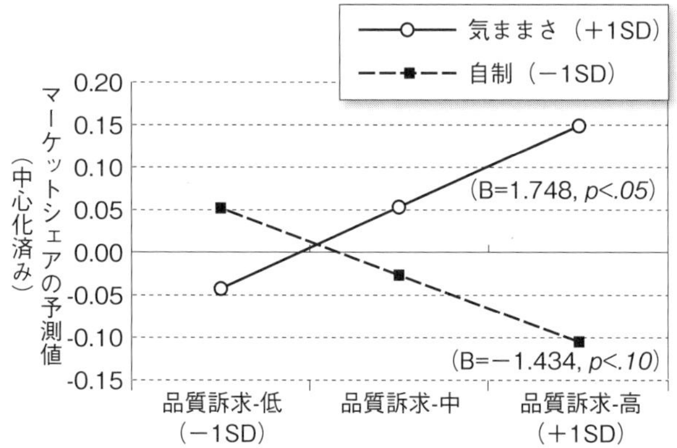

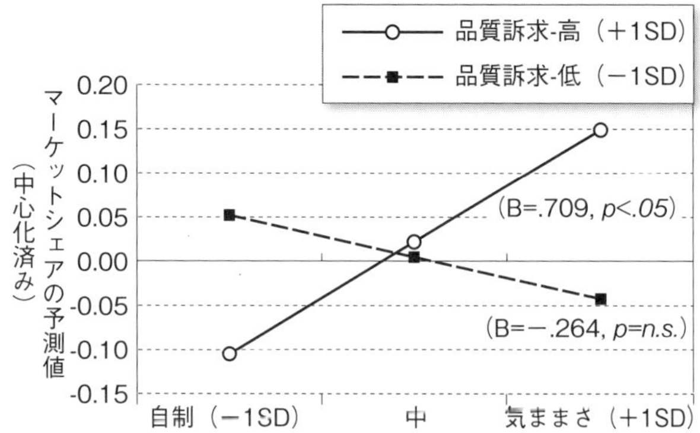

注：予測値は0が平均を示している。
出所：筆者作成。

が確認できる（B=.709, $p<.05$）。一方で，品質訴求の採用度合いが低いブランドについては，気ままさ－自制の度合いとマーケットシェアの関係性が確認できなかった（B=−.264, $p=n.s.$）。Hofstede et al.（2010）によれば，気ままさを志向する社会において人々は人間の基本的な欲求を充足させることに開放的であるということが示されている。[15]品質は人々の安全・安心に関わる要素でもある。気ままさを志向する社会では，少しお金を払ってでも品質や性能の良いブランドが欲しいという基本的な欲求に開放的であるため，品質訴求の有効性が確認できたのではないだろうか。一方で自制を志向する社会においては，人間の基本的な欲求は抑制され，規制される必要があると考えられている。人々は倹約を重要視しており，慎ましく質素な生活を志向する。その点で，物理的な高性能や高機能性といった点を訴求する品質訴求は，慎ましく質素な生活という自制を志向する社会の考え方とは適合しにくい。そのため品質訴求は自制を志向する社会では負の影響をもたらしているのではないだろうか。

第3節　多様性・新規性訴求

　あるブランドに愛着を抱き，そのブランドを長い間購買し続ける消費者もいれば，1つのブランドにこだわらず，様々なブランドを購買しようとする消費者も存在する。後者の消費行動はバラエティシーキング（以下，VSと略記）と呼ばれ，消費者の多様性探索行動を説明する枠組みと定義されている[16]。これと類似して，目新しさを重視してブランドを購買する消費行動をノベルティシーキング（以下，NSと略記）と呼ぶ。NSとは新しいモノやサービスの探索，既知の刺激中における多様性を探し求める行為と定義されている[17]。「新しいモノ好き」と呼ばれるような消費者がこれにあたり，発売日に店頭に並ぶような人々の行動を示す。なおNSの概念はVSの概念と重複する部分が大きいため，両者を総括してVSとされることも多い[18]。企業はこのような消費行動を行う人々に自社のブランドから他社のブランドへスイッチされないように，様々なマーケティングを実施してきた[19]。例えばブランドの多様

なカラーバリエーションやラインナップといった選択肢を提供したり，1つのブランドの中でもテイストの異なる商品をそろえたりしている。また定期的に革新的な商品を市場へ出すことによって変化を感じてもらうことで，消費者を飽きさせずに自社ブランドの中でスイッチが完結するような取り組みをしている。このようなマーケティングを通して，ブランドは消費者に，多様性があり革新的なイメージを訴求している。本書ではこのようなGBI訴求を多様性・新規性訴求と呼んでいる。[20]

多様性・新規性訴求により，ブランドは消費者に対して「今までとは異なる（変化）点」を訴求することで，VSやNS行動の基盤となっている「新しく・今までと異なるモノへの欲求」を充足させる。ただし本書で一貫して主張していることは，どのようなGBI戦略でも，その有効性は世界で一様であるとは限らないということである。展開している市場が変われば適切なGBI戦略も変化するはずである。そこで本節では多様性・新規性訴求の各国民文化圏における有効性を検証する。

I. 多様性・新規性訴求の位置づけ

これまでも述べてきた通り，ブランド・アイデンティティの訴求はブランド・コンセプトの選択を通して実施される。ブランド・コンセプトとは，企業の選択したブランドの意味であり，訴求するイメージの中核である。[21]本項では多様性・新規性訴求と既存のブランド・コンセプト研究，そしてその関連研究との概念的な繋がりを示す。

Park et al.（1986）はVSに影響を与えるブランド・コンセプトとして，経験的（Experiential）を挙げている。[22]経験的（Experiential）とは，感覚的な喜びやラインナップの多様さ，経験的なブランドの側面を訴求するブランド・コンセプトである。そしてKeller（1993）の枠組みにおいても同様に経験的（Experiential）に「選択の楽しさ」といったVSに関連する点が含まれている。[23]なおPark et al.（1986）とKeller（1993）の双方の概念において，VSに関係する点は言及されているものの，NSに関する点については明確に述べられてはいない。Park et al.（1986）やKeller（1993）の提示した経験

的（Experiential）とAaker（1996）による概念の重なり合う部分は情緒的（Emotional）といった要素である。Aaker（1996）は情緒的（Emotional）を，ブランドの購買時に消費者が感じる楽しさやエキサイティング感などといったポジティブな感覚をもたらすものとしている[24]。しかしAaker（1996）の提示する情緒的（Emotional）の概念にはVSやNSに関する点が明示されていない。

Sheth *et al.*（1991a, 1991b）の消費価値研究では，多様性・新規性訴求に関連する要素として認識的（Epistemic）が挙げられている。認識的（Epistemic）とは，好奇心，目新しさや知識的欲求によってもたらされる消費者にとっての価値を意味する[25]。Sheth *et al.*（1991a, 1991b）は認識的（Epistemic）が消費者のVSやNS行動をもたらす消費価値であるとしている。また彼らは認識的（Epistemic）を感情的（Emotional）と明確に区別している。Sheth *et al.*（1991a, 1991b）の示した感情的（Emotional）とは，エキサイティング感，情熱などといった気分や感情によってもたらされた消費者の価値のことを意味する[26]。その点で感情的（Emotional）はPark *et al.*（1986）やKeller（1993）による経験的（Experiential），そしてAaker（1996）による情緒的（Emotional）と重なり合う部分が大きい。

本節では多様性・新規性訴求といった分類を用いるが，これは理論編で示したGBI戦略の1つである。理論編においてもSheth *et al.*（1991a, 1991b）と同様に，ブランドの感情的な側面を訴求するGBI戦略と多様性や新しさといった変化を訴求するGBI戦略を分けている。Park *et al.*（1986）とKeller（1993），そしてSheth *et al.*（1991a, 1991b）と理論編において提示した概念の関係性を示したものが図表4-13である。

既存のブランド・コンセプト研究やブランド便益研究においては，多様性・新規性訴求が対象とするような要素が明確に概念規定されてこなかった。Park *et al.*（1986）やKeller（1993）の概念では経験的（Experiential）といった側面に多様性・新規性訴求の関わる部分が含まれてはいるものの，このままでは経験的（Experiential）をかなり広義に捉えることが可能となるため具体的なインプリケーションを導出することも難しくなる。ブランド・コンセプトやブランド便益の概念を基に企業がGBI戦略を採用する場合，それら

図表4-13　多様性・新規性訴求の位置づけ

研究者	ブランド・コンセプト，ブランド便益，消費価値研究	
Park *et al.* (1986)	経験的 (Experiential)	
Keller (1993)	経験的 (Experiential)	
Aaker (1996)	情緒的 (Emotional)	
Sheth *et al.* (1991a, 1991b)	感情的 (Emotional)	認識的 (Epistemic)
本論	感情訴求	多様性・新規性訴求

注1：概念間の対応は完全に一致するとは限らないので注意されたい。
注2：感情訴求とは，五感経験を通した感情（楽しい，情熱的など）に関わるイメージの訴求である。
出所：既存研究の整理により筆者作成。

の概念はできるだけ具体的かつ詳細に構成されていることが望ましい。そこで本節でも2章で提示した多様性・新規性訴求の概念を用いてその有効性を検証している。

II. 3M

　多様性・新規性訴求を重点的に展開しているブランドとして3Mがある。3M（本社：アメリカ合衆国ミネソタ）は世界で約200以上の国や地域で展開している製造業で，全世界での売り上げは約3兆6000億円である。[27] 同ブランドはInterbrandのBest Global Brandランキング（2015）で59位，Brand FinanceのGlobal 500（2016）では108位にランクインしている。3Mの取り扱っているものは，自動車関連，業務用ソリューション，通信関連，コンシューマー，建設・建築，エレクトロニクス，電力・電設・エネルギー，ヘルスケア，製造関連，セーフティ，交通関連等と幅広く，商品数は5万5000点を超える。3Mのビジョンには「他社に先駆ける技術・生活を変える製品・革新」が掲げられている。また同ブランドには「過去に存在しなかった新しい製品を発明することで成長する」というビジネスモデルが組まれている。[28] 多様性・新規性訴求は，消費者に「今までとは異なる（変化）点」を訴求するものであり，まさに3Mが重点的に展開する内容と合致する。

　自らを「最先端技術を追求するサイエンスカンパニー」と呼び世界70か国

以上に85か所の研究所を持つ３Mには15％カルチャーという独特の企業文化が存在している。15％カルチャーとは、将来人々の役に立つと各自が考えるものであれば、「労働時間の15％を費やしてその研究に取り組むことができる」というものである。また「失敗を恐れない積極的なチャレンジ」を推奨するという考え方が定着しているため、様々な技術者が積極的に新しいものづくりに日々挑戦することが可能となっている。技術者や研究者達の研究が成功すれば、もちろん新たな利益を創出するが、たとえそれが失敗したとしても同ブランドは新しい商品を創出してきた。

　３Mの代表的な商品であるポストイットがその良い例である。1968年、強力な接着剤を開発していた３Mの研究者は「良く付くけれど簡単に剥がれてしまう」失敗作の接着剤を作ってしまった。しかしこの失敗作が、糊づけされたメモ用紙「ポストイット」という新しいカテゴリーを市場に誕生させたのである。現在、ポストイットは消費者のニーズを捉えながらバリエーション豊かな展開を実施している。例えばカラーバリエーションを豊富に取り揃えるだけではなく、その種類も強粘着タイプ、ロールタイプ、フィルムタイプ、メッセージノートタイプ、罫線入りタイプ、辞書引き用などと、消費者を飽きさせないために「今までとは異なる（変化）点」を訴求し続けている。ここでは誰しもが想像しやすい３Mのコンシューマー分野に焦点をあてたが、３Mが手掛けるその他の分野においても新しさを追求した訴求が展開されている。このような多様性・新規性訴求が消費者のNSやVS行動に影響を与えることで消費行動を促進している。ただしこれまでも述べてきた通り、全世界の消費者が一様に商品に対して新しさや目新しさといったこれまでとは違う点を追求している訳ではない。それでは多様性・新規性訴求はどのような国民文化圏で特に有効なのだろうか。続く本文では「多様性・新規性訴求傾向の強いブランドは、特にどのような国民文化圏で受け入れられやすいのか」を検討する。

III. 結果と解釈

検証の結果，多様性・新規性訴求×価格訴求×不確実性回避の項目が有意であった（$p<.01$）[29]。また仮説で考慮しなかった多様性・新規性訴求×権力格差の項目にも有意な値を確認した（$p<.05$）。

次に交互作用項が有意であったこれらの項目に対して，単純傾斜の有意性検定を実施した。

1. 多様性・新規性訴求×価格訴求×不確実性回避

図表4-14，図表4-15に多様性・新規性訴求×価格訴求×不確実性回避の単純傾斜有意性検定による結果を示した。それぞれの図表では価格訴求の採用度合いに応じて多様性・新規性訴求と不確実性回避の関係を分けて示している。図表4-14が価格訴求の採用度合いが低い場合，そして図表4-15が価格訴求の採用度合いが高い場合である。本節ではまず価格訴求の採用度合いが低い場合からみていくことにする。

図表4-14上図を見ると，不確実性回避の傾向が強い社会では，多様性・新規性訴求の採用度合いが高くなるほどマーケットシェアが低くなることがわかる（$B=-1.404$, $p<.10$）。一方で不確実性回避の傾向が弱い社会では，多様性・新規性訴求の採用度合いが変化しても有意なマーケットシェアの変化は確認できなかった（$B=.013$, $p=n.s.$）。図表4-14下図を見ると，多様性・新規性訴求の採用度合いが高い場合，不確実性回避の傾向が強くなるにつれマーケットシェアが低くなることがわかる（$B=-.299$, $p<.10$）。ただし多様性・新規性訴求の採用度合いが低い場合では，不確実性回避の傾向が変化しても有意なマーケットシェアの変化は確認できなかった（$B=.021$, $p=n.s.$）。

次に価格訴求の採用度合いが高い場合をみていく。図表4-15上図において，不確実性回避の傾向が強い社会では，多様性・新規性訴求の採用度合いが変化してもマーケットシェアの有意な変化は確認できなかった（$B=.065$, $p=n.s.$）。しかし不確実性回避の傾向が弱い社会では，多様性・新規性訴求の採用度合いが高くなるにつれマーケットシェアが低くなることがわかった（$B=-3.399$, $p<.01$）。図表4-15下図を見てみると，多様性・新規性訴求の採用度

4章　機能的訴求の有効性

図表4-14　多様性・新規性訴求×価格訴求（低）×不確実性回避

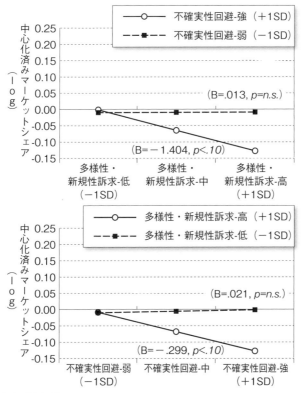

注：予測値は0が平均を示している。
出所：筆者作成。

合いが高い場合，不確実性回避の傾向が変化しても，マーケットシェアの有意なマーケットシェアの推移は確認できなかった（B=.208, *p=n.s.*）。一方で，多様性・新規性訴求の採用度合いが低い場合，不確実性回避の傾向が強くなるにつれマーケットシェアが低くなることを確認した（B＝−.575, *p<.01*）。

本検証においては，価格訴求の採用度合いの違いによって，多様性・新規性訴求と不確実性回避の関係性が全く異なる結果となった。これらの結果を総合的に考慮すると，「不確実性回避の傾向が強い社会では，多様性・新規性訴求の採用度合いが高くなるほどマーケットシェアが低くなる」とした仮説3-1aが価格訴求の採用度合いが低い場合に限って支持された。一方で，「不確

第2部　実証編

図表4-15　多様性・新規性訴求×価格訴求（高）×不確実性回避

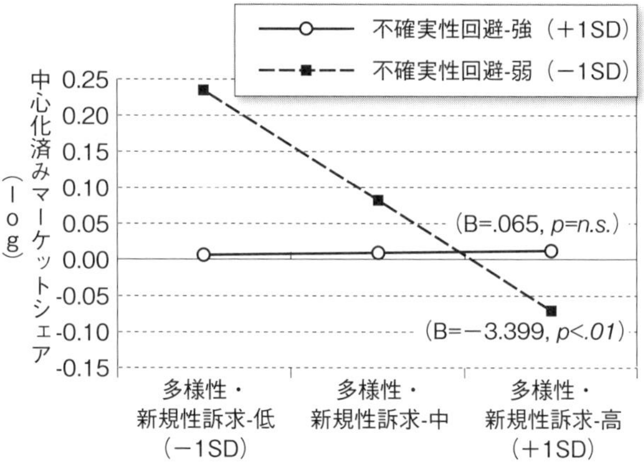

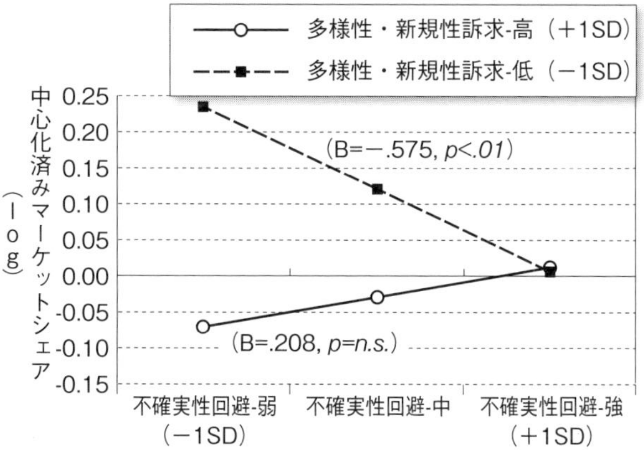

（上図）
- 不確実性回避-強（＋1SD）
- 不確実性回避-弱（－1SD）

縦軸：中心化済みマーケットシェア（log）
横軸：多様性・新規性訴求-低（－1SD）／多様性・新規性訴求-中／多様性・新規性訴求-高（＋1SD）

(B=.065, p=n.s.)
(B=−3.399, p<.01)

（下図）
- 多様性・新規性訴求-高（＋1SD）
- 多様性・新規性訴求-低（－1SD）

縦軸：中心化済みマーケットシェア（log）
横軸：不確実性回避-弱（－1SD）／不確実性回避-中／不確実性回避-強（＋1SD）

(B=−.575, p<.01)
(B=.208, p=n.s.)

注：予測値は0が平均を示している。
出所：筆者作成。

実性回避の傾向が弱い社会では，多様性・新規性訴求の採用度合いが高くなるほどマーケットシェアが高くなる」とした仮説3-1bについては，それを支持する十分なデータが得られなかった。ただし「不確実性回避の傾向が強い社会から弱い社会になるほど，多様性・新規性訴求のマーケットシェアに対する影響力が強くなる」とした仮説3-1cについては，価格訴求の採用度合いが低い場合に限って支持された。価格訴求の採用度合いが低い，つまり低価格イメージが訴求されていない場合，消費者は金銭的なリスクと新商品に対する不安を二重に背負うことになると考えられる。不確実性回避の傾向が強

い社会においては，消費者がこの二重の不安を大きなリスクと捉えるためマーケットシェアが低くなったのではないかと考えられる。ただし同条件で価格訴求の採用度合いが高くなったとしても（図表4-15），有意なマーケットシェアの増加を確認することはできなかった。この点については今後より詳細に検証を進める必要がある。

　一方で価格訴求の採用度合いが高い場合において，不確実性回避の傾向が弱い社会では多様性・新規性訴求が負の影響力を持つことがわかった（図表4-15上）。また多様性・新規性訴求の採用度合いが低い場合，不確実性回避の傾向が弱くなるにつれてマーケットシェアが増加したことを考慮すると，不確実性回避の傾向が弱い社会においては，「低価格」というイメージと「多様性，または新しい」といったイメージは消費者にとって結びつけづらいものであるということが考えられる。より革新的で奇抜な変化を志向する不確実性回避の傾向が弱い社会の人々は，低価格で新しい（変化のある）商品といった点に魅力を感じにくいのかもしれない。ただしこの場合でも，同条件で価格訴求の採用度合いが低くなったとしても（図表4-14），有意なマーケットシェアの増加を確認することはできなかった。検証結果から得られたこれらの新たな仮説については別の手法も取り入れながら，改めて今後詳細に検証する必要がある。

2. 多様性・新規性訴求×権力格差

　図表4-16に多様性・新規性訴求×権力格差の単純傾斜有意性検定による結果を示した。多様性・新規性訴求×権力格差の関係性は，本節では仮説を設定した項目ではないが，検証により明らかになった要素として下位検定の結果と若干の解釈を示すこととする。

　図表4-16上図を見ると権力格差の大きい社会では，多様性・新規性訴求の採用度合いが大きくなるほど，マーケットシェアが低くなることが確認できる（B = −2.133, $p<.01$）。一方で権力格差の小さい社会では，多様性・新規性訴求の採用度合いが変化しても，マーケットシェアの有意な変化を確認できなかった（B = −.229, $p=n.s.$）。図表4-16下図を見ると，多様性・新規性訴求の採用度合いが高い場合，権力格差が大きくなるにつれてマーケットシ

第2部　実証編

図表4-16　多様性・新規性訴求×権力格差

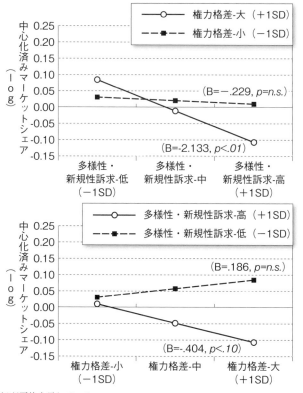

注：予測値は0が平均を示している。
出所：筆者作成。

ェアが低くなることがわかる（B＝－.404, p<.10）。多様性・新規性訴求の採用度合いが低い場合は，権力格差の大きさが変化してもマーケットシェアの有意な推移を確認できなかった（B=.186, p=n.s.）。これらの結果は，権力格差の大きい社会では多様性・新規性訴求が負の影響力を持つことを示している。Hofstede（1980b）によれば，権力格差の大きい社会において人々は自分の権力を脅かす潜在的なリスクを回避しようとするとされている。そのため人々は保守的であり，新しい変化や不確実性に富んだ多様性に寛容ではないことが推察される。このような人々の考え方がブランドの選択にも反映されることで，多様性・新規性訴求が負の影響力を持つという結果が得られたの

126

ではないだろうか。ただしこの点についても本検証結果のみで解釈することには限界があるため，新たな仮説として今後方法を変えながら明らかにしていく必要がある。

本章ではここまで，機能的訴求として価格訴求，品質訴求，多様性・新規性訴求という3つの訴求の有効性を検討してきた。続く5章では，観念的訴求として，集団訴求，ステータス訴求，感情訴求，社会貢献訴求という4つの訴求の有効性を検討する。

〈注〉

1　Gabor and Granger（1961）p.187.
2　Dickson and Sawyer（1990）pp.43-45, Zeithaml（1982）pp.357-359, Zeithaml（1988）pp.10-11.
3　詳しくは2章を参照。
4　Peter and Tarpey（1975）pp.29-37, Ahtola（1984）pp.623-626, Dodds et al.（1991）pp.307-319, Sweeney et al.（1999）p.79, Sweeney and Soutar（2001）p.206.
5　Deloitte, Global Powers of Retailing 2016.
6　CostcoのIR資料より（2015年8月現在）。
7　分析結果の詳細に関しては古川（2015）を参照。
8　和田（2002）20頁。
9　和田（2002）20頁。
10　CanonのIR資料より（2014年の値）。
11　同上。
12　Hofstede（1991）邦訳，184頁。
13　Sweeney et al.（1999）p.79.
14　Brucks et al.（2000）pp.359-374.
15　Hofstede et al.（2010）p.281.
16　小川（2005）36頁, McAlister（1982）pp.141-142.
17　Hirschman（1980）p.284.
18　Hirschman（1980）p.284.
19　スイッチとは，他のブランドへの乗り換え・切り替えを意味する。
20　Sheth et al.（1991a, 1991b）が機能的価値（Functional）と認識的価値（Epistemic）を分類したように，本書においても品質訴求と多様性・新規性訴求を分けている（詳細は2章を参照されたい）。多様性・新規性訴求は「これまでとは異なる変化」を訴求するものである。「新技術」などといった製品の品質に関わるものであっても，これまでにはない変化を訴求するものは多様性・新規性訴求に分類される。一方で品質訴求は物理的性能，実用性，信頼性，サービスの質といった事実やデータを訴求するものであって，そこに「これまでとは異なる変化」という要素は含まない。
21　Park et al.（1986）p.136.

22　Park *et al.*（1986）p.136.
23　Keller（1993）p.4.
24　Aaker（1996）pp.97-99.
25　Sheth *et al.*（1991a）p.21, Sheth *et al.*（1991b）p.162.
26　Sheth *et al.*（1991a）p.20, Sheth *et al.*（1991b）p.161.
27　3MのIR資料より（2014年の値）。
28　3MのWebサイトより http://www.mmm.co.jp/corporate/pdf/corporateprofile.pdf（2016/03/12 accessed）.
29　価格訴求とは，価格という消費者の犠牲や負荷を低減させるための低価格イメージの訴求を意味する。詳細については2章を参照されたい。
30　Hofstede（1980b）p.111.

5章 観念的訴求の有効性

第1節 集団訴求

　消費者の行動は他人の行動によって影響を受ける。例えば,「みんなが持っているブランド」だとか「街で流行しているブランド」といった消費者のブランド・イメージは自分以外の他者によって影響を受けたイメージである。自分以外の他者による消費者行動への影響については,準拠集団という概念でこれまで研究が進められてきた。準拠集団とは,消費者行動に重要な影響をもたらす人や集団のことを示す。[1] Park and Lessig（1977）は準拠集団に関わる消費者のモチベーションとして次の3つを挙げている。1つ目は, Informational Reference Group Influenceである。これは準拠集団を信用できる情報源としてみなすものである。この場合,消費者は専門家やオピニオンリーダーの意見や自分にとって重要な他者から情報を収集する。[2] 2つ目はUtilitarian Reference Group Influenceである。これは準拠集団を社会における報酬と罰の伝達集団とみなすものである。社会的規範に準拠しているかどうかを判断し,かつそれを示すために準拠集団を用いる。[3] 3つ目はValue-Expressive Reference Group Influenceである。これは準拠集団を消費者自身の自己概念を高め,サポートするための対象とみなすものである。[4] 自身の自己実現のために,自分に合う準拠集団と積極的に関わり,そうではない準拠集団とは関わらないように行動する。企業はこれら準拠集団の影響力をうまく促進するようにマーケティングを実施している。例えばブランドやそれに関連するWebサイトに口コミを醸成するSocial Networking Serviceへの導

線を設置し，ブランドと消費者が接触する際に「トップセールス」，「シェアNo.1」，「好評」，「専門家推奨」等といった点を全面的に訴求している。このようなマーケティングを通して企業は集団訴求を展開している。

I. 集団訴求の位置づけ

Park et al.（1986）によるブランド・コンセプト研究の中で，他者との関連性を訴求するものは象徴的（Symbolic）である。2章では，象徴的（Symbolic）には「他者との差別化」ならびに「集団との同調」といった2つの特徴があることを示している。消費者は，社会的な文脈に基づいてブランドを購買し，ブランドを自己表現の手段として用いている。そして消費者はブランドの購入・所有により，他人との差別化や卓越化を意図したり，他の人と同一化を図ったりするのである。2章でも示した通り，Leibenstein（1950）は消費外部性を整理して「ヴェブレン型」，「スノッブ型」，「バンドワゴン型」効果を示している。「他者との差別化」については「ヴェブレン型」，「スノッブ型」，また「集団との同調」には「バンドワゴン型」効果が該当する。「ヴェブレン型」ならびに「スノッブ型」には，一般大衆との分離という考えが根底にあり，社会的ステータス獲得のための消費行動と捉えることができる。2章では以上を踏まえ象徴的（Symbolic）を「ステータス訴求」と「集団訴求」といった2つの具体的なGBI戦略に分類している。「集団訴求」は「バンドワゴン型」に関連するGBI戦略である。「集団訴求」とは，大衆，流行イメージの訴求を示す。著名人が所持・使用することなどによる集団への帰属や，流行の訴求である。「売り上げ」や「シェア」のナンバーワンを謳うなど，社会的集団における流行を訴求するものもこれにあたる。

II. Coca-Cola Company

Coca-Cola Companyは近年，集団訴求に注力している。Coca-Cola Company（本社：アメリカ合衆国アトランタ）は，現在世界中ほぼすべての国に展開している製造業であり，年間の売り上げは約5兆円である。同ブランドは

InterbrandのBest Global Brandランキング（2015）で3位，Millward BrownのBrandZランキング（2015）では8位，Brand FinanceのGlobal 500（2016）では17位にランクインしている。

　Coca-Cola Companyは社名にもなっている代表的なブランドCoca-Colaをはじめ，アルコール類を除いた様々な飲料を取り扱っている。Coca-Cola Companyは1886年の創業以来，CEOによって様々なマーケティングを採用してきた[8]。現在のCEOであるムーター・ケント氏は，ブランドと消費者との密接な繋がりを構築し発展させるためのマーケティングに注力している。ムーター・ケントCEO就任以降，Coca-Cola Companyは消費者との接点をより拡大するためにソーシャルメディアへの投資を戦略的に拡大させてきた[9]。ソーシャルメディアの一例として，Facebook内にあるCoca-Colaのファンが集うページを挙げると，そこには9675万7380人が参加している（2016年3月12日現在）。Facebook上で約1億人もの人々が集うファンページは，数あるブランドのファンページの中でも最大級の規模である。Coca-Cola Companyはこのような愛好家達を大切にし，双方向のコミュニケーションを取れるように努力している。

　Coca-Cola Companyが2011年以降展開してきた「Share a Cokeキャンペーン」はこの準拠集団を核にして，集団訴求を実施した興味深い例である。「Share a Cokeキャンペーン」とは，その名の通りCoca-Colaをソーシャルメディア上でシェアしてもらおうと意図されたキャンペーンである。販売されているCoca-Colaのボトル1つ1つに名前が印字されており，キャンペーンの期間中，自分や家族，友達の名前を発見した消費者が次々とボトルの写真をソーシャルメディアへアップロードするという現象が起きた。家族や友人が自分の名前のボトルを持つ写真をソーシャルメディア上で発見することで，大事な人との繋がりをCoca-Colaが媒介している構図になるのが特徴的である。その結果，消費者はCoca-Colaに対してポジティブなイメージを形成しやすくなるのである。このように準拠集団をうまく活用して展開したことで，このキャンペーンは大きな反響を呼び，期間中の売り上げがオーストラリアで約7%，アメリカで約2%も伸びたとされている[10]。

　Coca-Cola Companyは従来のように一方的にブランドから消費者へコミュ

ニケーションを展開するだけではなく，消費者と対話しながらコンテンツを共同で創り上げていくことを意識してマーケティングを展開している。準拠集団をうまく活用することにより，それぞれの消費者が「私もやってみようかな」という気持ちになり最終的に一種のムーブメントを作り出すことが可能となるのだ。それではこのような集団訴求はどのような国民文化圏において特に有効であるのか。集団訴求と国民文化についての検証結果は次のようになった。

III. 結果と解釈

検証の結果，集団訴求×権力格差（$p<.01$），集団訴求×個人主義－集団主義（$p<.05$），集団訴求×気ままさ－自制（$p<.10$）の項目に有意な値を確認できた。そこで交互作用項が有意であったこれら3つの項目に対して，単純傾斜の有意性検定を実施した。

1. 集団訴求×権力格差

図表5-1は集団訴求×権力格差の単純傾斜有意性検定による結果である。

図表5-1上図を見ると権力格差の大きい社会では，集団訴求の採用度合いが高いほどマーケットシェアが低くなることがわかる（$B=-1.313, p<.10$）。一方で権力格差の小さな社会では，集団訴求の採用度合いが高いほどマーケットシェアが高くなっている（$B=2.679, p<.001$）。また図表5-1下図を見てみると，権力格差が大きい社会から小さな社会になるに従って，集団訴求の採用度合いが高いブランドはマーケットシェアが高くなっている（$B=-.716, p<.05$）。また権力格差が大きい社会から小さな社会になるに従って，集団訴求の採用度合いが低いブランドはマーケットシェアも低くなっている（$B=.737, p<.10$）。以上より，仮説4-1a，仮説4-1b，そして仮説4-1cは支持された。

権力格差の大きい社会では集団訴求が負の影響力を持ち，その一方で権力格差の小さい社会では集団訴求に正の影響力があることを示している。また権力格差の大きな社会から小さな社会になるほど，集団訴求がマーケットシェアを高めることも示された。これは準拠集団をどのように認識するかといっ

5章　観念的訴求の有効性

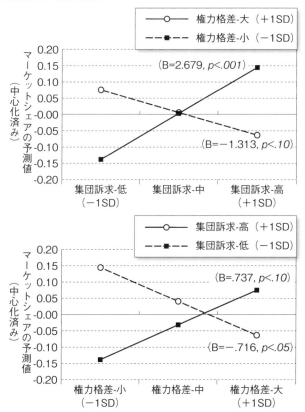

図表5-1　集団訴求×権力格差

注：予測値は0が平均を示している。
出所：筆者作成。

た点に関して，権力格差の大きさによって差があるためであると考えられる。権力格差の大きな社会では準拠集団を信用できる情報源とは認識せず，一方で権力格差の小さい社会では準拠集団を信頼のおける情報源と認識していると考えられる。

2．集団訴求×個人主義－集団主義

　図表5-2に集団訴求×個人主義－集団主義の単純傾斜有意性検定による結果を示した。図表5-2上図を見ると，集団主義社会では集団訴求の採用度合いが

133

図表5-2 集団訴求×個人主義ー集団主義

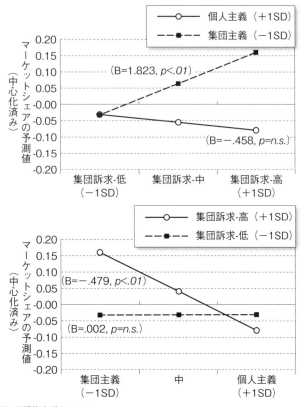

注：予測値は0が平均を示している。
出所：筆者作成。

高いほどマーケットシェアも高くなることが示されている（B=1.823, p<.01）。しかし個人主義社会では集団訴求の採用度合いを変化させてみても有意なマーケットシェアの変化は確認できなかった（B=−.458, p=n.s.）。図表5-2下図を見ると集団訴求の採用度合いが高いブランドは個人主義社会から集団主義社会になるにつれてマーケットシェアが高くなっていることがわかる（B=−.479, p<.01）。集団訴求の採用度合いが低いブランドについては有意な効果を確認できなかった（B=.002, p=n.s.）。以上より仮説4-2は支持された。

集団主義社会では集団訴求に正の影響があることを確認した。集団主義社会では準拠集団は信用できる情報源であり，かつ自己表現の手段として認識

されているものと思われる。そのため集団主義社会では,準拠集団の影響力を醸成する集団訴求が正の影響を持つという結果になったと考えられる。

3. 集団訴求×気ままさ－自制

図表5-3に集団訴求×気ままさ－自制の単純傾斜有意性検定による結果を示した。図表5-3上図を見ると,自制を志向する社会においては集団訴求の採用度合いが高いほどマーケットシェアも高くなることが示されている (B=1.613, $p<.05$)。しかし気ままさを志向する社会においては集団訴求の採用度合いを変化させてみてもマーケットシェアの有意な変化は確認できなかった (B=−

図表5-3 集団訴求×気ままさ－自制

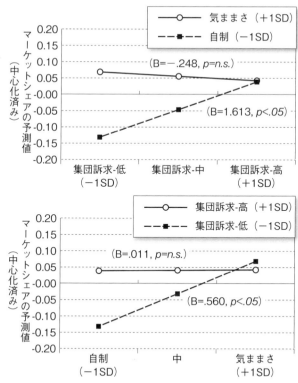

注:予測値は0が平均を示している。
出所:筆者作成。

.248, $p=n.s.$)。図表5-3下図を見ると集団訴求の採用度合いが低いブランドは気ままさを志向する社会から自制を志向する社会になるにつれてマーケットシェアが低くなっていることがわかる（B=.560, $p<.05$）。一方で，集団訴求の採用度合いが低いブランドについては有意なマーケットシェアの変化を確認できなかった（B=.011, $p=n.s.$）。以上より仮説4-3は支持された。

　自制を志向する社会においては集団訴求がマーケットシェアを高めることを確認した。自制を志向する社会では社会的規範の遵守が重要視され，人々が準拠集団を社会的規範の基準とみなす結果，Utilitarian Reference Group Influenceがより強く働いていると考えられる。そのために，集団訴求がマーケットシェアを高めるという結果になったと推察される。

第2節　ステータス訴求

　先述の通り，ブランドの歴史は品質の証を印として商品に付けることから始まった。ブランドという印を商品に付けることで消費者は商品ごとの区別が容易となり，より品質の高い商品を選別しやすくなった。ブランドの役割はその後，品質の証以上の意味合いを持つことになる。現代において消費者の多くに認識されるブランドとは，ラグジュアリーでありステータスであり，高価かつ高級であるため容易に手に入れることが難しい存在であると認識されている。このブランドの捉え方は学術的なブランドの捉え方とは異なる。Aaker（1991）はブランドを「ある売り手あるいは売り手のグループからの財またはサービスを識別し，競争業者のそれから差別化しようとする特有の（ロゴ，トレードマーク，包装デザインのような）名前かつまたはシンボルである」[11]と定義している。つまりブランドとは，競合業者と差別化するための名前やシンボルのことを示すのであって，差別化の内容は，品質の証やステータス性や高級さ等に留まらないのである。そこには低価格によって差別化を展開しているものも含まれれば，社会貢献によって差別化を展開しているものも含まれることになる。本節では学術的に捉えられるブランドの中でも，現代における消費者の多くに認識されているブランド，つまりステータス性

や高級さを意味するブランドに焦点をあてる。そしてこのような意味を消費者に訴求するGBI戦略をステータス訴求と呼ぶ。ステータス訴求とは，ブランドを所持・使用することで得られる，社会的ステータス，高級，希少性イメージの訴求を意味するものである。

ステータス訴求を採用している企業は，適切なマーケティングを展開することによりブランドの社会的ステータス，高級，希少性イメージを消費者に訴求してきた。例えば他のブランドよりも敢えて価格を高く設定し，商品にも高級感を感じられるような工夫が施されていたり，またブランドと消費者が接する店舗に大理石を敷き詰めたり，ラグジュアリー感を醸成することで差別化を図っている。

I. ステータス訴求の位置づけ

本節では，前節で説明した集団訴求を絡めながら，ステータス訴求と既存のブランド研究，またその関連研究との関係性を示す。Park et al.（1986）の概念の中でステータス訴求に関係するものは，象徴的（Symbolic）である。象徴的（Symbolic）とは，コミュニティ内の立場や周りの人々との関連性を訴求するものである。ブランドが消費者の自己表現手段となるようなものがこれにあたる。消費者は社会的なステータスを象徴するブランドを購買することで，自己表現をしようとする。消費者の自己を「象徴」する（シンボルとしての）ブランドという意味で象徴的（Symbolic）と名づけられている。なおKeller（1993）のブランド便益においても同様に，ステータス訴求は象徴的（Symbolic）と関連している。

Aaker（1996）の分類において，ステータス訴求と関連する要素は自己表現的（Self-Expressive）である。自己表現的（Self-Expressive）とは，ブランドの所持が自己表現の象徴を消費者にもたらすものである。[12]ここでもブランドが自己表現の象徴として用いられるという点において，ステータス訴求と関連している。Aaker（1996）自身も，自己表現の手段となる要素として，ブランドの持つステータス性といった意味を明示している。消費者にとっての便益といった視点から，製品の価値構造分類を行った和田（2002）は，その

内容を基本価値,便宜価値,感覚価値,観念価値の4つに分類している。そのうえで和田（2002）はこれらの価値構造分類とAaker（1996）のブランド便益との対応を示している。Aaker（1996）の自己表現的（Self-Expressive）に対応する価値構造は,和田（2002）による観念価値である。観念価値は,ブランドが消費者のライフスタイル表現の手段となることも考慮されており,この点においてステータス訴求と観念価値には関連性がある。

　Hsieh（2002）においてもステータス訴求に関連する便益として象徴的（Symbolic）が示されている。Hsieh（2002）の示す象徴的（Symbolic）とは,製品がもたらす社会的なステータスやラグジュアリー感を意味する。このように定量的な検証においてもステータス訴求に関連するブランド便益の存在が明らかになっている。

　ここまで述べてきたように,ステータス訴求に関連するブランド・コンセプトやブランド便益研究は,象徴的（Symbolic）や自己表現的（Self-Expressive）として示されていた。そしてこれらの要素に共通する点は,消費者が周囲の人々との（社会的な）関係性を考慮して自己表現するということである。2章でも示した通り社会的な関係性を考慮した自己表現は,「他者との差別化」と「集団との同調」といった2つに分類することが可能である。ステータス訴求と関連するのは,「他者との差別化」である。消費者は入手が容易でなく,社会的ステータスを示すブランドを所持することで,他者との差別化や卓越化を意図しようとするのである。前節で示したLeibenstein（1950）の消費外部性研究を考慮すると,他者との差別化にはヴェブレン型,スノッブ型が該当する。他方で集団との同調を図る消費者は,仲間（もしくは理想とする集団）が所持するものと同じものを持つことによって,自分もその一員であることを表現しようとする。この場合は,Leibenstein（1950）の提示したバンドワゴン型が該当する。これらを踏まえると,ブランド・コンセプトやブランド便益研究における象徴的（Symbolic）や自己表現的（Self-Expressive）はステータス訴求の対象とする範囲よりも大きな概念であることがわかる。象徴的（Symbolic）や自己表現的（Self-Expressive）に対応するステータス訴求の範囲は,他者との差別化を意図した消費者の自己表現といったところまでである。集団との同調といった側面の自己表現については,ステータス訴

図表5-4　ステータス訴求の位置づけ

研究者	ブランド・コンセプト，ブランド便益等		
Park et al.（1986）	象徴的（Symbolic）		
Keller（1993）	象徴的（Symbolic）		
Aaker（1996）	自己表現的（Self-Expressive）		
和田（2002）	観念価値		
Hsieh（2002）	象徴的（Symbolic）		
Leibenstein（1950）	ヴェブレン型	スノッブ型	バンドワゴン型
本論	ステータス訴求		集団訴求

注1：概念間の対応は完全に一致するとは限らないので注意されたい。
注2：集団訴求とは，集団への帰属や流行を訴求するイメージ戦略である。
出所：既存研究の整理により筆者作成。

求の考慮する範囲からは外れる。この点については，前節で示した集団訴求の対象とするところである。図表5-4に本節で用いるステータス訴求と，ブランド・コンセプト，ブランド便益研究，そしてLeibenstein（1950）による消費外部性研究との関連性を示した。

II. Rolex

　ステータス訴求を重点的に展開しているブランドとしてRolexがある。Rolex（本社：スイス ジュネーブ）は世界で約117の国や地域で展開している時計を製造する私企業で，全世界での売り上げ情報等は非公開である。同ブランドはMillward BrownのTop 10 Luxury Brands（2015）では5位，Brand FinanceのGlobal 500（2016）では232位にランクインしている。1905年の創業以降，100年以上の間たったの3人で経営戦略を考えてきたという特徴を持つ。これまでステータス訴求を軸にした一貫した戦略を展開することができたのも，私企業という形態で株主を意識する必要が無かったことが大きい。同ブランドの競合は他の時計ブランドだけでなく，宝石ブランドでもある。

　ステータス訴求を効果的に展開するためには価格のコントロールが特に重要となる。大衆の手に届かない（もしくは頑張ればやっと手に届く）価格で商品を展開する必要があるのだ。先述の通り，ステータス訴求の要点は大衆

との差別化である。大衆との差別化を効率的に図ることができるのは価格のコントロールである。高価格でブランドを展開することができれば市場での流通量も減り，その結果，ステータス訴求の入手困難・希少性という側面も展開することができる。Rolexの展開している商品の価格は，最低でも約30万円から1500万円以上の商品まで存在しており，一般的な時計の価格からすれば総じて高めに設定されている。ただしRolexは資産価値として評価される程，商品の値崩れがほとんど起きないブランドだということが特筆すべき点である。その理由は高価格にも関わらず，常に需要が高いためである。高い需要の背景にはRolexアンバサダーの存在があり，またその存在がさらに同ブランドのステータス性を高めるという良い循環がある。

　Rolexは芸術家やアスリート，冒険家，ヨット乗り等の著名人を積極的に起用し，彼らに同ブランドの時計を着用してもらうことで様々な「記録」に挑戦してきた。これらRolexを着用した有名人達は同ブランドの大使としてアンバサダーと名づけられている。下記は，Rolexアンバサダーによる活躍や記録の一部を切り取ったものである。

　1927年，イギリス人スイマーがドーバー海峡をRolex着用で泳いで渡る。
　1933年，エベレストの高さを超えて飛行する冒険家たちがRolexを着用。
　1935年，Rolexを着用して当時の地上最速（約485km）のスピードに挑む。
　1953年，Rolexを着用してエベレスト登頂。
　1960年，Rolexがマリアナ海溝の底（10916m）に到達。

　Rolexアンバサダーの活躍は，当時における人類の極限に挑戦するものばかりであり，どの挑戦においてもその後，時計は問題なく動作している。一般的な大衆では成し得ることが難しい様々な挑戦をアンバサダーと共に経験することで，選ばれた挑戦者のみが手にすることのできる時計というイメージが醸成され，Rolexはステータス性を帯びるようになる。Rolexは多くのアンバサダーを起用することによって，同ブランドが芸術家やアスリート，冒険家，ヨット乗りに連想されるようにマーケティングが実施されている[15]。またRolexは大衆とは異なる存在であり続けるために，徹底的にラグジュアリ

一層をターゲットに絞った商品デザインを実施している。こうした取り組みの結果，Rolexに対して消費者は「洗練・威厳・エレガント・貴重」などといった連想をすることがわかっている。ここまでステータス訴求を重点的に展開するブランドとしてRolexを取り上げてきたが，このようなブランドはどのような国民文化圏で特に受け入れられるのであろうか。

III. 結果と解釈

　検証の結果，ステータス訴求×集団訴求×権力格差（$p<.05$），ならびにステータス訴求×品質訴求×男性らしさ－女性らしさ（$p<.10$）の項目に有意な値を確認できた。またステータス訴求×長期志向－短期志向の項目においても有意な値を確認できた（$p<.05$）。本節においても交互作用が確認できたこれらの項目についてより詳細に検証するため，交互作用項が有意であったこれらの項目に対して，単純傾斜の有意性検定を実施した。

1. ステータス訴求×集団訴求×権力格差

　図表5-5，図表5-6にステータス訴求×集団訴求×権力格差の単純傾斜有意性検定による結果を示した。それぞれの図では集団訴求の採用度合いに応じてステータス訴求と権力格差の関係を分けて示している。図表5-5が集団訴求の採用度合いが低い場合，そして図表5-6が集団訴求の採用度合いが高い場合である。まず集団訴求の採用度合いが低い場合からみていく。

　図表5-5上図を見ると，権力格差の大きな社会においてはステータス訴求の採用度合いが変化しても有意なマーケットシェアの変化は確認できなかった（$B=-1.063$, $p=n.s.$）。しかし権力格差の小さい社会においては，ステータス訴求の採用度合いが高くなるほどマーケットシェアも高くなることがわかった（$B=3.222$, $p<.10$）。図表5-5下図を見ると，ステータス訴求の採用度合いが高い場合，権力格差が大きくなるにつれてマーケットシェアが低くなることがわかる（$B=-.566$, $p<.05$）。その一方でステータス訴求の採用度合いが低い場合，権力格差の大きさが変化しても有意なマーケットシェアの推移は確認できなかった（$B=.176$, $p=n.s.$）。次に集団訴求の採用度合いが

第2部　実証編

図表5-5　ステータス訴求×集団訴求（低）×権力格差

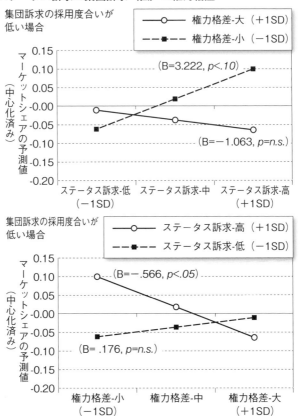

注：予測値は0が平均を示している。
出所：筆者作成。

高い場合の結果を確認する。

　図表5-6では集団訴求の採用度合いが高い場合の，ステータス訴求と権力格差の関係性を示している。図表5-6上図を見てみると，権力格差の大きな社会においてステータス訴求の採用度合いが変化しても有意なマーケットシェアの変化は確認できなかった（B＝2.069, $p=n.s.$）。また権力格差の小さな社会においても同様に，ステータス訴求の採用度合いが変化しても有意なマーケットシェアの変化は確認できなかった（B＝−2.373, $p=n.s.$）。図表5-6下図を見てみると，ステータス訴求の採用度合いが高い場合，権力格差が大きくな

142

5章　観念的訴求の有効性

図表5-6　ステータス訴求×集団訴求（高）×権力格差

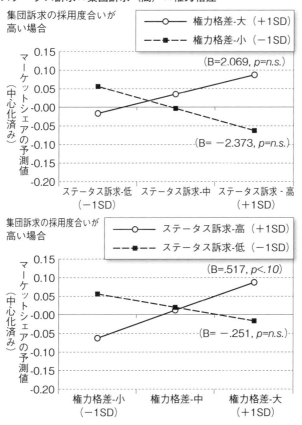

注：予測値は0が平均を示している。
出所：筆者作成。

るにつれてマーケットシェアが高くなっている（B=.517, p<.10）。一方でステータス訴求の採用度合いが低い場合では，権力格差の大きさが変化しても有意なマーケットシェアの推移は確認できなかった（B=−.251, p=n.s.）。

　集団訴求の採用度合いが低い場合と高い場合に分けて，ステータス訴求と権力格差の関係性を示した。権力格差の大きい社会では，ステータス訴求が強いほどマーケットシェアが高くなるとした仮説5-1a，権力格差の小さい社会では，ステータス訴求が強いほどマーケットシェアが低くなるとした仮説5-1b，そして権力格差の小さい社会から大きい社会になるほど，ステータス

訴求のマーケットシェアに対する影響力が高くなるとした仮説5-1cのいずれにしても，集団訴求の採用度合いが低い場合（図表5-5）においては支持されなかった。この場合ではむしろ，仮説5-1bと仮説5-1cについては想定とは反対の結果が得られた。しかし集団訴求の採用度合いが高い場合（図表5-6）においては，ステータス訴求の採用度合いが高いとき，権力格差が大きくなるほどマーケットシェアも有意に高く変化しており仮説5-1cが支持される結果となった。図表5-6上図では，仮説5-1aと仮説5-1bの通り，権力格差が大きい社会では右肩上がり，権力格差の小さい社会では右肩下がりの軌道を描いてはいるものの，いずれの項目も本書で最低限の必要基準としている有意水準（$p<.10$）に僅かであるが到達しなかった。そのため集団訴求の採用度合いが高い場合においても，仮説5-1aならびに仮説5-1bは支持されなかった。

　部分的に支持された仮説5-1cを考慮すると，権力格差の大きな社会においてはステータス訴求だけでなく集団訴求も同時に訴求することが有効であると考えられる。集団訴求の影響力を検証した前節においては，「権力格差が大きい社会ほど集団訴求に負の影響力がある」ことを確認した。しかしこの結果は集団訴求と権力格差といった２つの要因のみを考慮したものである。本節の結果を踏まえると，権力格差の大きい社会においてはステータス訴求と集団訴求のシナジー効果を考慮したGBI戦略が重要であることが推察される。ステータス訴求に集団訴求を組み合わせて訴求することでGBI戦略が「社会的ステータスを象徴している（ステータス訴求）」＋「流行しており，ある程度の人が所有している（集団訴求）」＝「頑張れば手の届く社会的ステータスブランド」といった位置づけに変化し，権力格差の大きい社会においてもマーケットシェアを高めることが可能となるのではないかと考えられる。いずれにしても本節で得られた結果のみでは詳細を明らかにすることはできない。集団訴求の採用度合いが低い場合，権力格差の小さい社会ではステータス訴求の採用度合いが高まるにつれてマーケットシェアが増加した理由も含めて，今後，理論的かつ実証的な観点からさらに検証を重ねていく必要がある。

2．ステータス訴求×品質訴求×男性らしさ－女性らしさ

　図表5-7，図表5-8にステータス訴求×品質訴求×男性らしさ－女性らしさ

の単純傾斜有意性検定による結果を示した。ここでもそれぞれの図表には品質訴求の採用度合いに応じて，ステータス訴求と男性らしさ－女性らしさの関係を分けて示している。図表5-7が品質訴求の採用度合いが低い場合，そして図表5-8が品質訴求の採用度合いが高い場合である。まず品質訴求の採用度合いが低い場合からみていく。

図表5-7上図を見ると，男性らしさの強い社会においては，ステータス訴求の採用度合いが高くなっても有意なマーケットシェアの変化が確認できない

図表5-7 ステータス訴求×品質訴求（低）×男性らしさ－女性らしさ

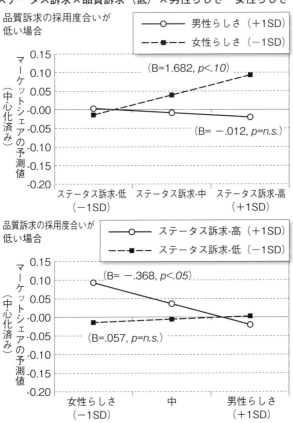

注：予測値は0が平均を示している。
出所：筆者作成。

第2部　実証編

図表5-8　ステータス訴求×品質訴求（高）×男性らしさ-女性らしさ

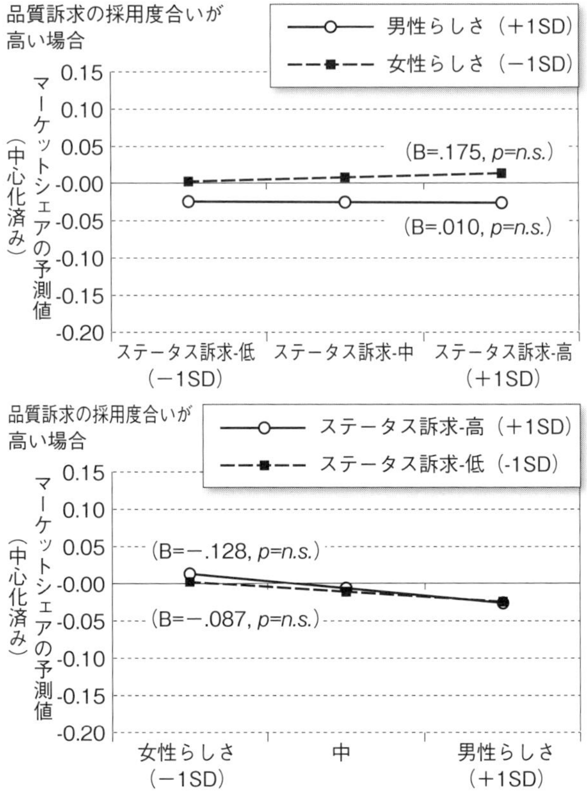

品質訴求の採用度合いが高い場合
- 男性らしさ（+1SD）
- 女性らしさ（-1SD）

マーケットシェアの予測値（中心化済み）

(B=.175, *p=n.s.*)
(B=.010, *p=n.s.*)

ステータス訴求-低（-1SD）／ステータス訴求-中／ステータス訴求-高（+1SD）

品質訴求の採用度合いが高い場合
- ステータス訴求-高（+1SD）
- ステータス訴求-低（-1SD）

(B=-.128, *p=n.s.*)
(B=-.087, *p=n.s.*)

女性らしさ（-1SD）／中／男性らしさ（+1SD）

注：予測値は0が平均を示している。
出所：筆者作成。

(B=-.012, *p=n.s.*)。一方で女性らしさの強い社会においてはステータス訴求の採用度合いが高まるにつれマーケットシェアも高くなっている（B=1.682, *p<.10*）。図表5-7下図を見ると、ステータス訴求の採用度合いが高い場合、男性らしさの強い社会になるほどマーケットシェアが低くなることがわかる（B=-.368, *p<.05*）。しかしステータス訴求の採用度合いが低い場合は、男性らしさの強さが変化しても有意なマーケットシェアの変化は確認できなかった（B=.057, *p=n.s.*）。次に品質訴求が高い場合を見てみる。

図表5-8は品質訴求の採用度合いが高い場合を示している。図表5-8上図では、男性らしさの強い社会においても（B=.010, *p=n.s.*）、また女性らしさ

の強い社会においても（B =.175, p=n.s.），ステータス訴求の採用度合いと有意なマーケットシェアの変化は確認できなかった。図表5-8下図においても同様に，ステータス訴求の採用度合いが高い場合においても（B =−.128, p=n.s.），ステータス訴求の採用度合いが低い場合においても（B =−.087, p=n.s.），男性らしさ−女性らしさの傾向が変化することによる有意なマーケットシェアの変化は確認できなかった。

　図表5-7と図表5-8の結果を考慮すると，男性らしさの強い社会では，ステータス訴求が強いほどマーケットシェアが高くなるとした仮説5-2は支持されなかった。むしろ図表5-7（品質訴求が低い場合）では，女性らしさの強い社会においてステータス訴求が有効であるという結果が得られている。ただし図表5-7（品質訴求が低い場合）と図表5-8（品質訴求が高い場合）を比較すると，品質訴求が高くなると品質訴求が低い場合に見られた，「女性らしさの強い社会におけるステータス訴求とマーケットシェアの有意な関係性」が消滅していることがわかる。これを考慮すると女性らしさの強い社会においてはステータス訴求の影響力が品質訴求によって抑制されることが推察される。女性らしさの強い社会における消費者は，「他社ブランドの化粧水には含まれていない稀少な成分が含まれている」だとか「世界で最もコンパクトな口紅」といったような品質に由来するステータスには興味が薄いのではないだろうか。それよりも「権威の○○賞を受賞した化粧水」や「数量限定販売の口紅」といった品質とは異なる要素に由来するブランドのステータス性に興味を持っていることが考えられる。今後は異なる視点から（また異なる方法を用いて）この点を詳細に検証していく必要がある。そのことでステータス訴求と男性らしさ−女性らしさの関係をより深く理解することが可能となる。また本節では日用品ブランドを対象として検証を実施してきたが，今後は男性的なステータスを表現しやすい自動車等のような耐久消費財に焦点をあて，同じ検証を実施してみる必要がある。

3. ステータス訴求×長期志向−短期志向

　図表5-9にステータス訴求×長期志向−短期志向の単純傾斜有意性検定による結果を示した。図表5-9上図を見ると，長期志向の社会においてはステータ

ス訴求の採用度合いが高くなるほどマーケットシェアが高くなることがわかる（B＝1.943, $p<.10$）。しかし短期志向の社会においては，ステータス訴求の採用度合いが変化しても有意なマーケットシェアの変化は確認できなかった（B＝−1.015, $p=n.s.$）。図表5-9下図を見ると，ステータス訴求の採用度合いが高い場合，長期志向－短期志向のスコアが変化しても有意なマーケットシェアの変化は確認できなかった（B＝.160, $p=n.s.$）。一方でステータス訴求の採用度合いが低い場合，短期志向から長期志向に変化するに従ってマーケットシェアが低くなることを確認した（B＝−.212, $p<.10$）。以上より，短

図表5-9　ステータス訴求×長期志向－短期志向

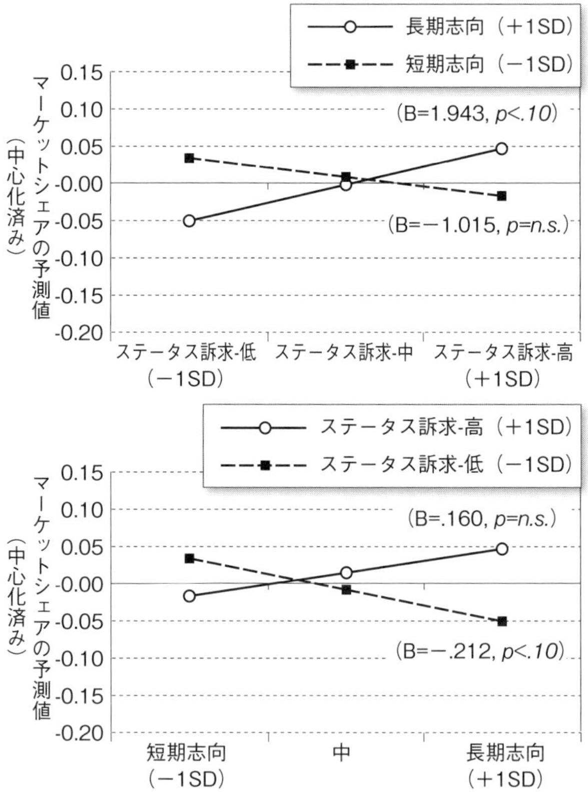

注：予測値は0が平均を示している。
出所：筆者作成。

期志向の社会では,ステータス訴求が強いほどマーケットシェアが高くなるとした仮説5-3は支持されなかった。本検証結果では,むしろ長期志向の社会においてステータス訴求が有効に作用することが示されている。本検証結果では,長期志向の傾向が強くなるほど,ステータス訴求の採用度合いが低い場合に限ってマーケットシェアが平均よりも低くなった。この点を考慮すると,長期志向の社会においてはステータス訴求が平均的なマーケットシェアを獲得するために必要なポイントとなっていることが推察される。

Hofstede *et al.*（2010）によれば,長期志向－短期志向は経済発展度と関連性があるとされている。[18] つまり短期志向の社会では相対的に経済発展度が低い国が多く,長期志向の社会では急速な経済成長を伴う高経済発展度の国が多いとされている。そして経済発展度とGBI戦略の関係性を検討した古川（2011b）は,ステータス訴求は経済発展度が低い社会よりも経済発展度の高い社会において有効に作用すると指摘している。以上を踏まえると,本検証結果では長期志向の社会においては経済発展度が高い国が多く含まれていたため,ステータス訴求が有効に作用するという結果が得られたのではないかと考えられる。本検証では最適な重回帰モデルを選択する段階において経済発展度の代替指標として採用したGDP（PPP）が除外されてしまった。今後は分析モデルを改良しながらステータス訴求×長期志向－短期志向×GDP（PPP）といった3要因を考慮した関係性を検証してみる必要がある。

第3節　感情訴求

経験価値マーケティング,五感マーケティング,エモーショナル・マーケティングにより感情的な側面を訴求しブランドを構築しようとする取り組みが実施されている。これらの試みは,消費者とブランドの直接的な接点となる販売チャネルや,そこで提供される対人コミュニケーションを重視し,五感経験を通した感情的なブランドの意味を消費者に伝達するものである。Pine and Gilmore（1999）やSchmitt（1999）はブランドの機能的側面のみの訴求ではブランド間のコモディティ化が進展するため,差別化を図るには不十分

であることを問題としたうえで，消費者に感情的な経験を提供する必要性を述べている。企業は品質や機能性などといったブランドの機能的な側面を訴求するだけでなく，それ以上の価値を消費者に提供することでブランドの差別化を図る必要があるのである。またGobé（2001）も同様に，視覚と聴覚だけではなく嗅覚や触覚，そして時には味覚までを含む「五感経験」を活用したマーケティングがブランドの重要な差別化要因となることを示唆している。Lindstrom（2008）は消費者の脳をfMRIで検証するニューロマーケティングの視点から，五感を通した感情的な経験がブランド構築にどのような影響を与えているかを検証している。その結果，ブランドが五感を通した感情的な経験を消費者へ効果的に提供することで，ブランドの認知や想起そして購買に良い影響を与えるということが示されている。

本節では2章で提示したGBI戦略の要素に基づき，これらのマーケティングによって訴求されるGBI戦略のことを感情訴求としている。

I. 感情訴求の位置づけ

Park *et al.*（1986）の研究で感情訴求に関連するものは経験的（Experiential）である。経験的（Experiential）とは感覚的な喜びやラインナップの多様さ，経験的なブランドの側面を訴求するものである。このブランド・コンセプトには「喜び」などといった感覚的な側面だけでなく，種類の選択肢がどれほど存在するかといったブランドを選択する楽しみも含まれている。その後のKeller（1993）による研究においても経験的（Experiential）といった要素は同様の概念としてブランド便益の一部に提示されている。そしてAaker（1996）は感情訴求に関わる便益として情緒的（Emotional）を挙げている。情緒的（Emotional）とは，ブランドの購買時に消費者が感じる楽しさやエキサイティング感などといったポジティブな感覚をもたらすものである。和田（2002）による製品の価値構造分類では感情訴求に関わるものとして感覚価値が挙げられている。感覚価値とは「製品サービスの購買や消費にあたって，消費者に楽しさを与える価値であったり，消費者の五感に訴求する価値」[19]を示す。

さらにSheth *et al.*（1991a，1991b）では感情訴求に関わるものとして感情

的（Emotional）といった要素を挙げている。感情的（Emotional）とは，消費者の気分や感情によってもたらされた，楽しさ，エキサイティング感，ロマンス，情熱，そして怒りや恐怖といったものまで含む感情に由来する消費者にとっての価値である。[20] またHolbrook（1996）も消費者の感情に関わる側面を快楽（Hedonic）という概念として捉えている。快楽（Hedonic）については，消費者のブランド消費体験や製品の美しさなどがもたらす自己充足的な消費者にとっての価値である。

本節で焦点をあてている感情訴求は，2章で提示したGBI戦略に基づくものである。2章では既存のブランド・コンセプト研究やブランド便益研究，そして消費価値研究を整理することで，企業が採用可能で，かつより具体性のある7つのGBI戦略を提示している。その中の1つが感情訴求である。2章で分類した感情訴求と上述した既存研究との関係性を図表5-10に示した。

2章で提示した感情訴求はSheth *et al.*（1991a, 1991b）による感情的（Emotional）の概念と近いところがある一方で，Park *et al.*（1986）やKeller（1993），Aaker（1996），和田（2002），Holbrook（1996）による感情的な側面よりは狭い概念である。その違いは，ラインナップの多様さが消費者にもたらす「選択の楽しみ」といった点を考慮しているか否かである。Park *et al.*（1986）による経験的（Experiential）やKeller（1993）による経験的（Experiential）では，その概念の中に「選択の楽しみ」といった側面が含ま

図表5-10　感情訴求の位置づけ

研究者	ブランド・コンセプト，ブランド便益等
Park *et al.*（1986）	経験的（Experiential）
Keller（1993）	経験的（Experiential）
Aaker（1996）	情緒的（Emotional）
和田（2002）	感覚価値
Holbrook（1996）	快楽（Hedonic）
Sheth *et al.*（1991a, 1991b）	感情的（Emotional）
本論	感情訴求

注：概念間の対応は完全に一致するとは限らないので注意されたい。
出所：既存研究の整理により筆者作成。

れている。またAaker（1996）による情緒的（Emotional）や和田（2002）による感覚価値，そしてHolbrook（1996）による快楽（Hedonic）では，この側面が含まれているかは厳密には述べられていないが，彼らが示したそれ以外の便益や製品価値，消費価値に「選択の楽しみ」といった側面に該当するものが存在しない。そのため「選択の楽しみ」といった側面もAaker（1996）による情緒的（Emotional）や和田（2002）による感覚価値，そしてHolbrook（1996）による快楽（Hedonic）の一部に含まれるものと考えられる。その一方でSheth *et al.*（1991a, 1991b）による感情的（Emotional），そして2章で抽出した感情訴求には「選択の楽しみ」といった側面は含んでおらず，むしろ別の消費価値，GBI戦略として定義されている。例えばSheth *et al.*（1991a, 1991b）は認識的（Epistemic）として「選択の楽しみ」を含んだ消費価値を示している。認識的（Epistemic）とは，好奇心や目新しさ，知識的欲求によってもたらされる消費者価値である[21]。また2章では多様性・新規性訴求として「選択の楽しみ」を訴求するGBI戦略を示している。多様性・新規性訴求とは，豊富な製品バラエティや新技術・新システムなどといった多様性・革新的イメージを訴求するものである。Sheth *et al.*（1991a, 1991b）による認識的（Epistemic）や2章で抽出した多様性・新規性訴求では，バラエティシーキングといった概念が考慮されている。バラエティシーキングとは消費者の多様性探索行動を説明する概念である。これらの研究では，「選択の楽しみ」といった要素はバラエティシーキング概念と関連づけて考慮されている。

II. The Ritz-Carlton

　感情訴求を組織的に展開しているブランドとしてThe Ritz-Carltonがある。The Ritz-CarltonはMarriott International（本社：アメリカ合衆国メリーランド州）に属するホテルブランドで世界36の国や地域に展開している。なおThe Ritz-Carlton単体での売り上げ情報は非公開（Marriott International全体の売り上げは全世界で約1兆6000億円）である[22]。同ブランドはBrand FinanceのGlobal 500（2016）で267位にランクインしている。

　1898年にCesar Ritzがフランスのパリで創業したのがThe Ritz-Carlton

の始まりである。その後，イギリス・ロンドンのCarltonホテルと提携することによってThe Ritz-Carltonブランドが誕生した。そして1998年までにMarriott InternationalがThe Ritz-Carltonの株式を約98%取得するに至った。The Ritz-Carltonは宿泊客に感動体験を提供するため，インターナル・ブランディングに注力している。インターナル・ブランディングとは，消費者ではなく従業員へのブランディング活動のことを示す。この活動によって，従業員に働く誇りを高めてもらうことが目的である。宿泊客に感動体験を提供するのに，従業員へブランディングを実施するというのは一見矛盾しているように思える。しかし，インターナル・ブランディングにより従業員のモチベーションを高めることで，彼らは自信をもってサービスの提供に取り組むことができる。その結果，宿泊客に様々な感動体験をもたらすことができるという良い循環を生み出しているのだ。

　The Ritz-CarltonにはCredoと呼ばれる理念・使命・サービス哲学が存在し，それは従業員のすべてに徹底的に共有されている。Credoの中には「従業員への約束」と呼ばれる事項がある。そこには従業員こそが同ブランドを支える最も大切な資源であることが明記されており，この資源を大切に扱うことが約束されている。もちろんCredoには，従業員の行動基準となるサービス哲学も詳細に記載されており，それぞれはCredoに従って行動するように求められている。さらに従業員が実際にサービスを提供する際には，エンパワーメントルールが適用される仕組みとなっている。これは従業員の1人ひとりに裁量権を与えるルールであり，大きく次の3つから構成されている。[23]

1．従業員1人ひとりは，他に伺いを立てず自分で判断し行動してよい
2．お客様の問題やニーズに対処する場合は，通常業務を離れてもよい
3．お客様のために1日約20万円（2000ドル）までなら使ってよい

　このような仕組みづくりを実施することで，従業員は自ら宿泊客を感動させるサービスを提供しようと考えることができるようになっている。ただし従業員は好き勝手にサービスを考えるのではなく，あくまでもCredoにより理念や使命等がしっかり共有されているのでThe Ritz-Carltonらしさに根付

いたサービスを展開できるようにしている。

　感情訴求は消費者に五感経験を通した感情に関わるイメージの訴求である。感情訴求は，「美しい商品デザイン」や「それを感動的に伝える広告」といったように，商品の見た目やその説明で訴求することも可能である。ただしそれだけではなく，感情訴求はブランドと消費者間の人的なコミュニケーション活動によって展開されることも多い。人的なコミュニケーション活動を経ることで，消費者は感情的なイメージをブランドに対して抱くようになるのだ。その意味で，The Ritz-Carltonの展開するインターナル・ブランディングは特筆すべき点である。そしてCredoならびにエンパワーメントルールといった綿密な仕組みづくりがそれを支えているのである。感情訴求を巧みに展開している多くのブランドに共通する点は，どこでもインターナル・ブランディングが適切に展開されているということだ。従業員の1人ひとりがブランド・イメージを構築する担い手となるのである。

　ここまで感情訴求を展開するブランドについて検討してきたが，このような感情訴求はどのような国民文化圏で特に受け入れられるのであろうか。

III. 結果と解釈

　検証の結果，感情訴求×個人主義－集団主義（$p<.10$）の項目に有意な値を確認できた。また仮説では考慮しなかった感情訴求×権力格差（$p<.10$），感情訴求×不確実性回避（$p<.10$）の項目についても有意な値を確認できた。その一方で仮説において設定した感情訴求×気ままさ－自制については有意な値を確認できなかった（$p=n.s.$）[24]。以上より，感情訴求×気ままさ－自制に関する仮説6-2a，仮説6-2b，仮説6-2cは支持されなかった。次に交互作用項が有意であったこれらの項目に対して，単純傾斜の有意性検定を実施した。

1. 感情訴求×個人主義－集団主義

　図表5-11に感情訴求×個人主義－集団主義の単純傾斜有意性検定による結果を示した。

　図表5-11上図を見てみると，個人主義社会においては感情訴求の採用度

5章　観念的訴求の有効性

図表5-11　感情訴求×個人主義－集団主義

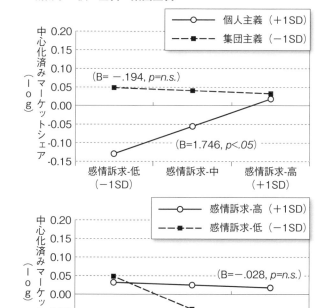

注：予測値は0が平均を示している。
出所：筆者作成。

合いが高くなるほどマーケットシェアも高くなっていることが確認できる（B=1.746, $p<.05$）。その一方で集団主義社会においては感情訴求の採用度合いが変化しても有意なマーケットシェアの変化は確認できなかった（B=－.194, $p=n.s.$）。図表5-11下図においては，感情訴求の採用度合いが高い場合，集団主義社会から個人主義社会に変化してもマーケットシェアの有意な変化を確認できなかった（B=－.028, $p=n.s.$）。しかし感情訴求の採用度合いが低い場合，集団主義社会から個人主義社会に移行するほど，マーケットシェアも低くなっていくことが確認できた（B＝－.355, $p<.01$）。これらの結果から，個人主義社会に限っては，感情訴求がマーケットシェアを高めることが考え

155

られる。以上より仮説6-1は支持された。また図表5-11下図では感情訴求の採用度合いが低い場合に限って，集団主義社会から個人主義社会にかけてマーケットシェアが低くなることを考慮すると，個人主義社会では平均的なマーケットシェアを獲得するためにはブランドの感情的な側面を訴求することが必要条件となっているのではないかと推察される。そのため感情的側面の訴求が十分でないブランドは個人主義社会においてマーケットシェアを獲得することが難しくなっているのではないだろうか。

2. その他の明らかになった点

本節において仮説を設定しなかった項目についても，感情訴求×権力格差と感情訴求×不確実性回避の2つの交互作用項が有意な値を示していた。これらについても，検証によって明らかになった項目として単純傾斜有意性検定の結果と若干の解釈を示す。

（1） 感情訴求×権力格差

図表5-12に感情訴求×権力格差の単純傾斜有意性検定による結果を示した。図表5-12上図を見ると権力格差の大きい社会では，感情訴求の採用度合いが高くなるほど，マーケットシェアも高くなることがわかる（B=2.464, $p<.01$）。しかし権力格差の小さい社会では感情訴求と権力格差の関係性を確認できなかった（B=-.912, $p=n.s.$）。一方で図表5-12下図を見てみると，感情訴求の採用度合いが高い場合においても（B=.383, $p=n.s.$），低い場合においても（B=-.600, $p=n.s.$），権力格差の大きさが変化することによる感情訴求による影響力の変化を確認できなかった。この結果から，権力格差の大きい社会に限っては感情訴求が有効に作用することが考えられる。権力格差の大きい社会では，権力を持つ者と持たない者との隔たりが大きく他者は自身の権力を脅かす脅威とみなされる。このような特徴を持つ社会において，なぜ感情訴求が有効であるのか現時点で得られるデータのみでは説明することが難しい。GBI戦略の効果を検証した数少ない研究の1つであるRoth（1995a）においても，権力格差の大きい社会では，感情的な側面を訴求するGBI戦略が有効であるという検証結果が得られている。しかしRoth（1995a）はその

図表5-12　感情訴求×権力格差

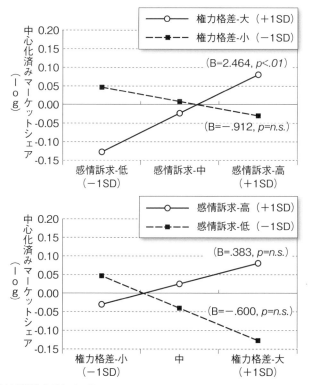

注：予測値は0が平均を示している。
出所：筆者作成。

結果に対して解釈を示してはいない。検証に係る方法等が違うものの，Roth（1995a）の研究が実施されてから約20年を経ても同様の結果が得られたということは，権力格差と感情訴求の間には何らかの論理的関係性が存在するものと考えられる。これを踏まえ，今後はなぜ権力格差の大きな社会では感情訴求が有効であるのかを理論的・実証的な観点からより詳細に検証する必要がある。

（2）感情訴求×不確実性回避

図表5-13に感情訴求×不確実性回避の単純傾斜有意性検定による結果を示した。

図表5-13上図を見てみると,不確実性回避の傾向が強い社会においては感情訴求の採用度合いが変化してもマーケットシェアの有意な変化を確認できなかった(B=−.008, *p=n.s.*)。一方で不確実性回避の傾向が弱い社会においては,感情訴求の採用度合いが高くなるほどマーケットシェアも高くなることが確認できる(B=1.559, *p<.01*)。次に図表5-13下図を見てみると,感情訴求の採用度合いが高い場合,不確実性回避の傾向が強くなるほどマーケットシェアが低くなることが確認できる(B=−.291, *p<.05*)。感情訴求の採用度合いが低い場合は,不確実性回避の傾向が変化してもマーケットシェアの有意な変化を確認できなかった(B=.042, *p=n.s.*)。この結果から,不確実

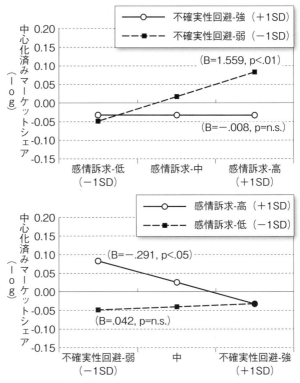

図表5-13　感情訴求×不確実性回避

注:予測値は0が平均を示している。
出所:筆者作成。

性回避の傾向が弱い社会においては感情訴求が有効に作用することが考えられる。前述した通り,ブランド論や消費者行動論において感情に関わる研究は「論理的な思考を行う消費者」という前提が疑問視されることを契機に発展した。その点でブランドの感情的な側面を訴求する感情訴求は消費者にとって論理的に処理しきれない曖昧さを内包しているものと考えるのが妥当である。不確実性回避の傾向が強い社会において,人々は曖昧さやそれに関係する不安を恐れて解消しようとする傾向がある。そのため感情的側面を訴求するブランドは不確実性回避の傾向が強くなるにつれシェアが低くなったのではないだろうか。一方で,曖昧な状況であっても危険についてよくわからなくても比較的平気であるとされる不確実性回避の傾向が弱い社会では,感情訴求が受け入れられる環境にあるのだと考えられる。しかし現状では,なぜ不確実性回避の傾向が弱い社会で感情訴求が有効に作用するのかというところまでは説明することが難しい。Hofstede *et al.*(2010)によれば,不確実性回避の傾向が弱い社会においては広告内にユーモア表現がよく用いられるとしている。[25] 彼らは詳細な解釈を示してはいないものの,この点と本結果には何らかの関連性があると考えられる。本点については今後より詳細に検証していく必要がある。

　Roth(1995a)の検証においても,本節における結果と同様に権力格差の大きい社会,また個人主義社会において感情的な側面を訴求するGBI戦略が有効に作用することが示されている。この結果から,約20年を経ても感情訴求が有効に作用する国民文化圏は変化していないことがわかる。なおRoth(1995a)はブランド管理者へのアンケート調査を基にGBI戦略を定量化し,マーケットシェアとの関係性を検証している。GBI戦略を定量化するためにWeb内容マイニングを用いた本書とアンケート調査を用いたRoth(1995a)の研究では定量化の方法が異なるが同様の結果が得られた。この結果は本書におけるGBI戦略測定方法の妥当性を担保する証左ともなりうる。また感情訴求×不確実性回避の関係性についてはRoth(1995a)による研究では明らかにならなかった新たな発見である。

第4節　社会貢献訴求

　Corporate Social Responsibility（CSR）等で社会的責任を果たすことによって，またブランドの環境汚染防止に対する取り組みや社会問題解決活動等を通して，企業は消費者に社会や環境への貢献イメージを訴求してきた。これらの取り組みはコーズ・マーケティングの一環と捉えることができる。コーズ・マーケティングとは，ブランドの売り上げの一部を社会や環境に還元することを訴求して消費者の消費意欲を刺激するものである。コーズ・マーケティングの嚆矢はAmerican Expressが1983年に実施した「自由の女神修復プロジェクト」と大きく関係している。同社は当時修復が必要であった自由の女神を修復するために，American Expressのクレジットカードを1回使用すると1セント，また新しいクレジットカードを発行すると1ドルの寄付が行われるマーケティングを実施した。その結果，1983年末までにカード利用率が28％上昇し，新しいクレジットカードの発行が45％も増加した[26]。これ以降，コーズ・マーケティングの取り組みは多くの企業によって世界各地で活発に実施されるようになった。社会問題や環境保全に関心を持つ消費者は，多少販売価格が高かったとしても，それらに配慮したブランドを積極的に選択することで社会や環境に貢献しようとする。そして企業は積極的に社会問題の解決や環境保全に力を入れることで，より良い社会を構築しながらも，売り上げや利益率を高めることができる。本節では，このようなマーケティングにより世界各国で社会や環境への貢献イメージを訴求するGBI戦略を社会貢献訴求と呼んでいる。社会貢献訴求とは，ブランド消費による社会や環境への貢献イメージを訴求するGBI戦略である。

I. 社会貢献訴求の位置づけ

　Park *et al.*（1986）のブランド・コンセプトにおいても，またそれを援用したKeller（1993）のブランド便益においても，3つの概念のどこに社会貢献訴求が関連するのかについては明らかではない。Aaker（1996）もまたブランド便益を，機能的（Functional），情緒的（Emotional），自己表現的

(Self-Expressive)に分類しているが,これらの分類でも社会貢献訴求がどこに関連するのかについて明らかにはなっていない。社会や環境に配慮する消費行動についてはHolbrook（1996）が消費価値の一部として概念化している。Holbrook（1996）は消費者の知覚する価値（消費価値）として,経済的（Economic），社会的（Social），快楽（Hedonic），利他的（Altruistic）を挙げている。社会貢献訴求は,ここでの利他的（Altruistic）に関連している。利他的（Altruistic）とは,正義感,美徳感,信念を動機とした,他者への貢献を伴う消費とされている。[27] 彼は利他的（Altruistic）を,消費自体が目的となるような動機によりもたらされるもので,他者と自分の相互関係を意識した消費価値であるとしている。2章ではこれを踏まえ,利他的（Altruistic）を刺激するGBI戦略として社会貢献訴求を理論的に抽出している。

　Holbrook（1996）は自分以外の他者のために,正義感,美徳感,信念といった消費者の内的動機に起因する消費価値を利他的（Altruistic）としているが,2章ではそれだけでなく自己表現の一部としても利他的（Altruistic）消費が行われるとしている。消費者のブランド選択動機は,純粋な意味で社会問題や環境保全に協力したいといったものだけではなく,社会や環境に配慮したブランドを所持することで,周りの人に「社会や環境を考えている自分」を表現するためであることも考えられるのである。この点において2章で抽出した社会貢献訴求は,Park *et al.*（1986）のブランド・コンセプト,そしてKeller（1993）のブランド便益における象徴的（Symbolic）に一部関連性がある。象徴的（Symbolic）とはコミュニティ内の立場や周りの人々との関連性を訴求するものである。またブランドが消費者の自己表現手段となるようなものがこれに該当する。さらにAaker（1996）によるブランド便益においても,自己表現的（Self-Expressive）の一部と社会貢献訴求に関連性がある。自己表現的（Self-Expressive）とは,ブランドの所持が自己表現の象徴を消費者にもたらすものである。[28] ブランド・コンセプト,ブランド便益,そしてHolbrook（1996）による消費価値研究と2章で抽出した社会貢献訴求概念の関連性を示したものが図表5-14である。

図表5-14　社会貢献訴求の位置づけ

研究者	ブランド・コンセプト，ブランド便益，消費価値研究		
Park *et al.*（1986）	象徴的（Symbolic）		
Keller（1993）	象徴的（Symbolic）		
Aaker（1996）	自己表現的（Self-Expressive）		
Holbrook（1996）	社会的（Social）		利他的（Altruistic）
本論	集団訴求	ステータス訴求	社会貢献訴求

注1：概念間の対応は完全に一致するとは限らないので注意されたい。
注2：集団訴求とは，集団への帰属や流行を訴求するイメージ戦略である。ステータス訴求とは社会的ステータスを訴求する高級，希少性イメージ戦略である。
出所：既存研究の整理により筆者作成。

II. Volvic

　社会貢献訴求を積極的に展開しているブランドとしてVolvicがある。VolvicはDanone（本社：フランス パリ）が抱える飲料水ブランドである。Danoneは飲料水事業だけでなく，他にもチルド乳製品事業，乳幼児向け食品事業，医療用栄養食事業などを抱えており，飲料水事業だけでも複数のブランドを抱えている。DanoneはInterbrandのBest Global Brandランキング（2015）で51位，Brand FinanceのGlobal 500（2016）では156位にランクインしている。Volvic単体での売り上げは公開されていないが，飲料水事業の全世界における年間売り上げは約6000億円であり全事業の売り上げの約20％を占めている。[29] Danoneとは別に，Volvicブランドは1958年に誕生した（Danoneの創業は1942年）。その後，1993年にVolvicブランドはDanoneに加わったという経緯を持つ。[30]

　Danoneは2006年からコーポレートミッションを「世界中のより多くの人々に食を通じて健康をお届けすること」に設定し，事業を展開することで社会へ貢献するという目標を掲げて実行している。その一環で実施されているのがVolvicの「1ℓ for 10ℓ」プロジェクトである。これは飲料水が1ℓ売れるごとに，その売り上げの一部が「安全な水の入手に困っている国の人々へそれを届ける」ために用いられるプロジェクトである。このプロジェクトは2005年にドイツで始まり，その1年後にはフランス，そして日本では2007年から実施されている。ドイツ・フランス・日本で販売されたVolvicの売り上

げの一部は，それぞれエチオピア連邦民主共和国，ニジェール共和国，マリ共和国に送られている。日本では2007年から2014年の計8年間でマリ共和国に43.5億ℓの安全な水を届けることができているという実績がある。このようなプロジェクトを通して，消費者は他者のために何か貢献しようとする利他的（Altruistic）消費や，他者や環境に貢献している自分を表現しようとする自己表現的消費を行うのである。

　Danoneは2011年に新興国での売り上げが51％となり，先進国での売り上げを超えた。また社員の60％以上が新興国で勤務しているという事実がある[31]。新興国で継続的かつ長期的に事業を展開するためにも，社会に貢献しながらブランドを展開する必要に迫られているのである。Holt *et al.* (2004) の調査では，新興国の人々にとって先進国ブランドは「環境に負荷をかけながら商品を販売している」という連想を持たれやすいことが明らかになっている[32]。このようなネガティブな連想を少しでも軽減させるという意味においても社会貢献訴求を積極的に展開することで新興国の消費者にブランドを受け入れてもらうことも必要なのである。

　ここまで社会貢献訴求を積極的に展開しているブランドとしてVolvicを取り上げてきたが，このような社会貢献訴求は特にどのような国民文化圏で受け入れられるのだろうか。社会貢献訴求の受け入れられやすい国民文化圏が明らかになれば，そこで積極的にこの訴求を展開することで企業の売り上げが高まるだけでなく，より多くの社会問題が解決されることにも繋がるのである。

III. 結果と解釈

　検証の結果，社会貢献訴求×男性らしさ－女性らしさ（$p<.01$），ならびに社会貢献訴求×気ままさ－自制（$p<.05$）の項目に有意な値を確認できた。そこで交互作用項が有意であったこれら3つの項目に対して，単純傾斜の有意性検定を実施した。

第2部 実証編

1. 社会貢献訴求×男性らしさ−女性らしさ

図表5-15に社会貢献訴求×男性らしさ−女性らしさの単純傾斜有意性検定による結果を示した。

図表5-15上図を見ると男性らしさの強い社会では，社会貢献訴求の採用度合いが高くなるほど，マーケットシェアも高くなることがわかる（B=2.352, $p<.01$）。また女性らしさの強い社会においても同様に，社会貢献訴求の採用度合いが高くなるほど，マーケットシェアが高くなっている（B=4.781, $p<.01$）。ただし男性らしさの強い社会での値と女性らしさの強い社会での値を比較し

図表5-15　社会貢献訴求×男性らしさ−女性らしさ

（上図）
- 男性らしさ（＋1SD）：B=2.352, $p<.01$
- 女性らしさ（−1SD）：B=4.781, $p<.01$
- 横軸：社会貢献訴求-低（−1SD）／社会貢献訴求-中／社会貢献訴求-高（＋1SD）
- 縦軸：中心化済みマーケットシェア（log）

（下図）
- 社会貢献訴求-高（＋1SD）：B=−.284, $p<.01$
- 社会貢献訴求-低（−1SD）：B=.141, $p<.10$
- 横軸：女性らしさ（−1SD）／中／男性らしさ（＋1SD）
- 縦軸：中心化済みマーケットシェア（log）

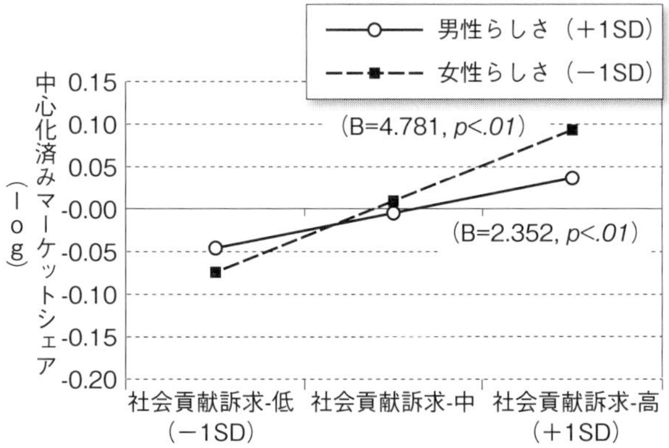

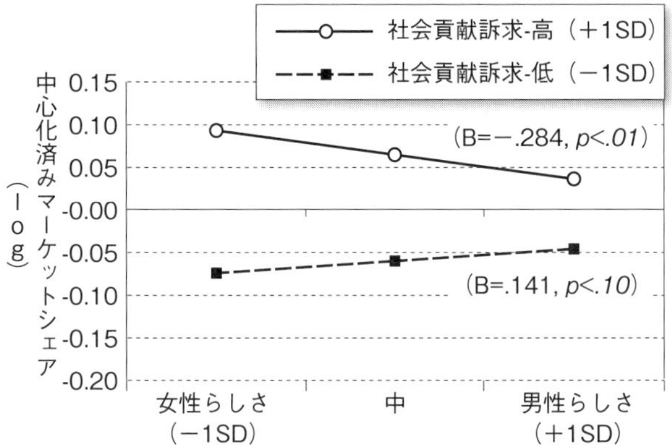

注：予測値は0が平均を示している。
出所：筆者作成。

てみると，女性らしさの強い社会における方が強い値を示している。男性らしさ－女性らしさの指標をx軸においた図表5-15下図を見てみると，社会貢献訴求の採用度合いが高いブランドは，女性らしさの強い社会になるほどマーケットシェアを高めていることがわかる（B=－.284, $p<.01$）。一方で社会貢献訴求の採用度合いが低いブランドは，女性らしさの強い社会になるほどマーケットシェアが低くなっていることがわかる（B=.141, $p<.10$）。これらの結果は，女性らしさの強い社会ほど社会貢献訴求が有効に作用することを示している。以上より，仮説7-1は支持された。男性らしさの強い社会においても社会貢献訴求の有効性は確認できるものの，それ以上に女性らしさの強い社会においては社会貢献訴求が有効であった。これは女性らしさの強い社会においては，特に社会や環境に配慮した消費行動を行う消費者が多く，社会や環境への貢献を訴求するGBI戦略がこの消費行動を刺激していると考えられる。

2. 社会貢献訴求×気ままさ－自制

図表5-16に社会貢献訴求×気ままさ－自制の単純傾斜有意性検定による結果を示した。

図表5-16上図を見ると，気ままさを志向する社会においては社会貢献訴求の採用度合いが変化してもマーケットシェアの有意な変化は確認できなかった（B = .302, $p=n.s.$）。しかし自制を志向する社会においては社会貢献訴求の採用度合いが高くなるほどマーケットシェアも高くなることが確認できる（B=6.831, $p<.01$）。図表5-16下図を見てみると，社会貢献訴求の採用度合いが高い場合は気ままさ－自制の値とマーケットシェアの有意な関係を確認できなかった（B = －.141, $p=n.s.$）。一方で，社会貢献訴求の採用度合いが低い場合では，気ままさを志向する社会から自制を志向する社会になるにつれてマーケットシェアも低くなることが確認できる（B=.498, $p<.01$）。社会貢献訴求の採用度合いが低い場合にのみ有意な値が得られたという結果を考慮すると，自制を志向する社会においては，社会貢献訴求が必要条件であることが考えられる。自制を志向する社会において，社会貢献訴求の採用度合いが低いブランドは平均的なマーケットシェアを獲得するが困難であることが

図表5-16　社会貢献訴求×気ままさ－自制

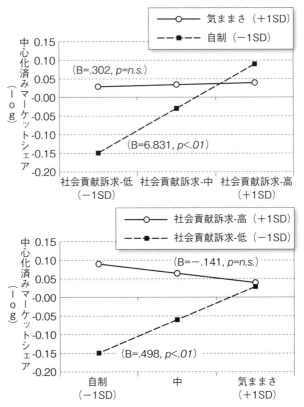

注：予測値は0が平均を示している。
出所：筆者作成。

本結果より考えられる。上図と下図を総合的に考慮してみても，これらの結果は自制を志向する社会においては社会貢献訴求が有効に作用することを示している。以上より，仮説7-2は支持された。自制を志向する社会においては，社会貢献訴求を展開することで，社会の永続性等といった点を重視する多くの人々にブランドが受け入れられるのだと考えられる。またそれらを積極的に購買することで，社会的規範を遵守している自分を他者に表現しているのではないかと考えられる。

〈注〉

1 Bearden and Etzel（1982）p.184.
2 Kelman（1961）pp.65-66，Deutsch and Gerard（1955）p.629.
3 Kelman（1961）pp.62-63.
4 Kelman（1961）pp.63-65，McCracken（1989）pp.311-322，Escalas and Bettman（2005）pp.378-379.
5 Levy（1959）pp.117-124，柴田（2004）101頁，柴田（2007）185頁。
6 梅本（1995）39頁，杉本（1993）101-105頁。
7 Coca-Cola CompanyのIR資料より（2015年の値）。
8 詳細についてはGhemawat（2007）を参照。
9 ムーター・ケント（2011）「コカ・コーラ　10年間で事業を2倍に成長させる」『ダイヤモンド・ハーバード・ビジネス・レビュー』12月号，12-21頁。
10 The Wall Street Journal（2014）"Share a Coke Credited With a Pop in Sales"，http://www.wsj.com/articles/share-a-coke-credited-with-a-pop-in-sales-1411661519（2016/03/12 accessed）.
11 Aaker（1991）邦訳，9頁。
12 Aaker（1996）pp.95-101.
13 和田（2002）52-55頁。
14 Leibenstein（1950）の研究については2章を参照されたい。
15 Keller（2007）p.134.
16 Keller（2007）p.134.
17 集団訴求とは，大衆，流行などといった集団への帰属を訴求するイメージ戦略である。品質訴求とは，物理的性能，実用性，信頼性などといった高品質を訴求するイメージ戦略である。それぞれの詳細については2章を参照されたい。
18 Hofstede *et al.*（2010）p.275.
19 和田（2002）20頁。
20 Sheth *et al.*（1991a）p.20，Sheth *et al.*（1991b）p.161.
21 Sheth *et al.*（1991a）p.21，Sheth *et al.*（1991b）p.162.
22 Marriott InternationalのIR資料より（2015年の値）。
23 The Ritz-CarltonのCredoを参照。
24 本節では気ままさ－自制における感情訴求の影響力をより詳細に検証するために，2章で提示した他のGBI戦略と感情訴求を複合的に訴求した場合や，気ままさ－自制と他の国民文化概念が絡み合った場合といった様々なパターンをそれぞれ検証（3要因の交互作用項まで検討）した。しかしそこでも感情訴求×気ままさ－自制の交互作用が含まれる項目には有意な値を確認できなかった。
25 Hofstede *et al.*（2010）p.207.
26 Adkins（2003）p.670，American Express Web Site.
27 Holbrook（1996）pp.138-142，Holbrook（2006）pp.714-725.
28 Aaker（1996）pp.95-101.
29 DanoneのIR資料より（2015年の値）。全事業での売り上げは約2兆8000億円。
30 日本では現在，Volvicはキリンと三菱商事の合弁企業が展開している。
31 DanoneのIR資料より。
32 Holt *et al.*（2004）pp.71-72.

終章
グローバル・マーケティングへの指針

　本書ではここまで，どのような国民文化圏に，どのようなGBI戦略が有効なのかを理論的・実証的に検討してきた。これまで述べてきたように，GBI戦略はグローバル・マーケティングにより構成されるものである。本書は，企業がどのような国や地域において，どのようにグローバル・マーケティングを展開したら良いかといった点に指針を提供するものである。図表終-1に本書の検証結果をまとめた。

I. 意義

　本書の意義は大きく次の3つに集約することができる。まず第1に，既存のブランド研究では説明しきれなかった現代の多様化したGBI戦略を理論的に説明可能にしたことである。ブランドを展開する企業は，品質や機能性以外にどのような点を訴求することができるのかを認識することが可能となった。本書で抽出したGBI戦略は，価格訴求，品質訴求，多様性・新規性訴求，集団訴求，ステータス訴求，感情訴求，社会貢献訴求の7つである。第2の意義は，Hofstede et al.（2010）による最新の国民文化概念を考慮して，国民文化特性とGBI戦略の関係性を明らかにしたことである。Hofstede et al.（2010）の国民文化概念は1980年初頭に発表されて以来，複数回の追試や他の文化研究による検証結果との関連性が研究された。その結果，未熟な点は改良され，説明しきれない点については拡張されてきた。国民文化特性の中で最も新しい概念である気ままさ–自制を考慮して実施されたブランド研究は未だほと

図表終-1　文化特性とGBI戦略の検証結果まとめ

		GBI戦略						
		機能的訴求			観念的訴求			
		価格	品質	多様性・新規性	集団	ステータス	感情	社会貢献
	主効果(B)	1.326*	.157	-1.181**	.683*	.464	.776*	3.567**
国民文化	権力格差(大きい)		○	×	×		○	
	権力格差(小さい)		×		○	○ ※集団訴求が低い時		
	個人主義		○				○	
	集団主義				○			
	男性らしさ							
	女性らしさ					○ ※品質訴求が低い時		○
	不確実性回避(強い)			× ※価格訴求が低い時				
	不確実性回避(弱い)		○ ※かつ長期志向の社会の時 / × ※かつ短期志向の社会の時	× ※価格訴求が高い時			○	
	長期志向	○ ※品質訴求が高い時				○		
	短期志向	○ ※品質訴求が低い時						
	気ままさ		○					
	自制	○ ※多様性・新規性訴求が高い時	×		○			○

注1：+ $p<.10$, * $p<.05$, ** $p<.01$
注2：○は有効，×は負の影響を表す。
出所：本書の検証結果に基づき筆者作成。

んど存在していないのが現状である。第3の意義は，国民文化特性とGBI戦略の関係性を検証したことである。特にWeb内容マイニングを用いて，ブランドの訴求するGBI戦略を測定し，そのパフォーマンスを検証しようとした研究はこれまで見られなかった。本書は，ブランド・イメージという存在の実態を解明しようとしている学術界にも，GBI戦略とそれに伴うグローバル・マーケティングを手探りで展開している実務界にも具体的なインプリケーションを提示している。

本書により，ブランドを展開する企業は展開している市場間で，ブランドのどのようなイメージを標準化し，どのようなイメージを国や地域で適合化したら良いのかを認識することができるようになる。そして本書はブランドの価値を世界で向上させるために，どのようなグローバル・マーケティングを展開すれば良いのかについて指針を提供するものである。また企業はブランドを新たな国や地域へ進出させる際に，どのような場所に進出すれば既存の展開市場とシナジーを生み出せるのかを理解することができる。それにより本書は，企業の国際展開に関わる意思決定にも貢献するものである。

国民文化特性とGBI戦略の関係を検証した実証編では，国民文化特性やGBI戦略を連続変数として処理することで交互作用項を考慮した重回帰分析を実施した。変数をカテゴリカル変数ではなく，連続変数として検証を実施することで，得られた結果から具体的な国や地域におけるGBI戦略のパフォーマンスを分析することが可能となった。図表終-2に本書結果を用いた分析例を示した。分析例には最も検証結果の解釈がしやすい社会貢献訴求を取り上げた。図表終-2では各国市場において，社会貢献訴求の採用度合いを変化させた場合，どのようにマーケットシェアが変化するかを示している。得られた重回帰モデルに，分析対象国の国民文化スコアを入れることでマーケットシェアの推移予測をすることができる[1]。図表終-2では，本書の検証過程で考慮した国・地域から，欧州2か国，米州2か国，アジア3か国を代表して計7か国の分析結果を示してある。7か国はそれぞれ，イギリス，スウェーデン，アメリカ，ブラジル，日本，中国，タイである。

図表終-2を見ると，社会貢献訴求の採用度合いを高めるほど，スウェーデン，中国，タイにおいてマーケットシェアが増加することが予想される。5

図表終-2　社会貢献訴求に関するマーケットシェア推移予測

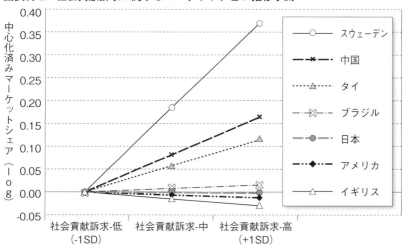

注1：社会貢献訴求が低い場合（-1SD）を基準にしている。
注2：社会貢献訴求の採用度合いを高めていった場合，マーケットシェアがどのように変化するかを予測している。
出所：本書での検証結果を基に筆者作成。

　章4節での社会貢献訴求に関する検証結果では，女性らしさの強い社会，ならびに自制を志向する社会において，社会貢献訴求がマーケットシェアを増加させることを確認した。スウェーデンは女性らしさの強い国とされている。スウェーデンは自制というよりも気ままさを志向する社会ではあるものの，それよりも女性らしさの強さが特に際立っているため社会貢献訴求がマーケットシェアを高めるという結果になったと考えられる。中国はその反対で，女性らしさというよりも男性らしさの傾向にある社会である。しかし中国は自制の傾向が特に際立っている。その結果，中国においても社会貢献訴求がマーケットシェアを高めるという結果になったと考えられる。タイは，女性らしさ，そして自制の傾向がある社会である。タイはスウェーデンや中国のように，それぞれのスコアが特に際立った値ではないが，バランスがうまくとれていることで，社会貢献訴求がマーケットシェアを高めるという結果になったと考えられる。

　一方で，イギリス，アメリカ，ブラジル，日本においては，スウェーデン，

中国，タイにおいて確認したようなマーケットシェアの変化は確認できなかった。イギリス，アメリカ，ブラジル，日本では，女性らしさ，また自制の傾向が顕著ではない（もしくは男性らしさ，気ままさの傾向がある）。そのため前述したような明確な傾向は確認できなかったと考えられる。しかしだからといってイギリス，アメリカ，ブラジル，日本において社会貢献訴求の効果が無いと結論づけることはできない。これら4か国におけるマーケットシェアの推移は微々たるものであり，誤差の範囲と読み取ることも可能である。以上の点については十分に注意されたい。

本書では国民文化特性のそれぞれとGBI戦略の関係性を検討したが，このような国レベルで分析を実施する際は複数の国民文化特性を同時に考慮することが求められる。展開する国の状況を見る際には，単一の国民文化特性のみを考慮するだけでは不十分である。どの国においても6つの国民文化特性の影響力が複雑に絡み合っているため，本節で得られた影響力の強さを総合的に考慮する必要がある。ただし本書での検証があってこそ，このような国レベルでの分析が可能となることを明記しておく。なお国民文化スコアの具体的な値についてはHofstede *et al.*（2010）を参照して欲しい。

II. 課題

本書では各章ごとに課題を挙げてきたが，残された課題を集約すると「GBI戦略要素の再検証」，「他のモデレータや従属変数の考慮」，「新たな仮説の検証」の3点にまとめることができる。第1の課題はGBI戦略要素の再検証である。本書では既存の理論的・実証的研究を基に7つのGBI戦略要素を抽出した。抽出された7つのGBI戦略要素が現実をどれほど説明できているのかを実証的に検証する必要がある。7つのGBI戦略要素は多くの研究から，その結果を整理することで抽出されている。これら7つの戦略で，企業の展開しているGBI戦略をすべて説明することができるのか，説明しきれないものがあるのであれば，それはどのような戦略なのかを詳細に検証していく必要がある。

第2の課題は，国民文化概念以外のモデレータの考慮である。実証編では，

多くの検証過程で適切なモデルを選択する際にGDP（PPP）をはじめとした様々なモデレータ変数が除外されてしまった。既存研究においてもGBI戦略の効果は国民文化特性だけでなく，経済発展度の違いによっても異なるということが理論的に示されている。今後はより多くのモデレータ変数を考慮することで，モデルの説明力をさらに高める必要がある。またそのためには，マーケットシェア以外の従属変数を考慮することや線形混合モデル等を用いた分析も有用であると考えられる。

　第3の課題は，新たな仮説の検証である。本書で実施した検証では，得られたデータだけでは十分に意味を理解できない項目が存在した。その意味を理解するために本書では結果を総合的に解釈する段階で，複数の新たな仮説を立てた。今後はこれらの新たな仮説を1つずつ検証していく必要がある。そうすることで本書において得られた結果の意味をより深く理解することができるようになる。これらの仮説を本書とは異なるアプローチも用いながらから検証し，本書における結果と併せて理論化することで，学術的にもさらに大きな意味をもたらすことができる。さらにそうすることで各国において具体的にどのようなGBI戦略の組み合わせが効果的なのかをより詳細に検証することが可能となる。それに加え，消費者の国際比較研究との整合性を確認することも必要である。本書では企業戦略とパフォーマンスの関係性といった，これまであまり採用されてこなかった研究アプローチによりGBI戦略の効果を検証している。今後は本アプローチによる結果と既存の研究で主に実施されてきた消費者の国際比較研究とを重ね合わせて，総合的に解釈することが必要である。グローバル・ブランド・イメージといった一見曖昧な存在を科学的に明らかにすることで，その実態をより深く解明していく必要がある。

　本書において残された課題は，今後の筆者の研究課題としたい。

〈注〉

1　モデルの詳細は古川（2015）を参照。
2　古川（2011b）131-147頁。

参考文献

Aaker, David A. (1991) *Managing Brand Equity*. 陶山計介・尾崎久仁博・中田善啓・小林哲訳 (1994)『ブランドエクイティ戦略 ―競争優位をつくりだす名前, シンボル, スローガン』ダイヤモンド社。

Aaker, David A. (1996) *Building Strong Brands*. 陶山計介・小林哲・梅本春夫・石垣智徳訳 (1997)『ブランド優位の戦略:顧客を創造するBIの開発と実践』ダイヤモンド社。

Aaker, David A. (2009) "Beyond Functional Benefits", *Marketing News*, September 30, p.23.

Aaker, Jennifer L. (1997) "Dimensions of Brand Personality", *Journal of Marketing Research*, Vol.34, pp.347-356.

Adkins, Sue (2003) "Cause-Related Marketing: Who Cares Wins", in Baker, Michael M. (ed.) *The Marketing Book*, Fifth Edition, Butterworth-Heinemann, pp.669-693.

Aiken, Leona S. and West, Stephen G. (1991) *Multiple Regression: Testing and Interpreting Interactions*, Sage Publications.

Ahtola, Olli T. (1984) "Price as a 'Give' Component in an Exchange Theoretic Multicomponent Model", *Advances in Consumer Research*, Vol.11, pp.623-626.

Banea, Carmen, Mihalcea, Rada, Wiebe, Janyce and Hassan, Samer (2008) "Multilingual Subjectivity Analysis using Machine Translation", *EMNLP '08 Proceedings of the Conference on Empirical Methods in Natural Language Processing*, pp.127-135.

Bearden, William O. and Etzel, Michael J. (1982) "Reference Group Influence on Product and Brand Purchase Decisions", *Journal of Consumer Research*, Vol.9, No.2, pp.183-194.

Brucks, Merrie, Zeithaml, Valarie A. and Naylor, Gillian (2000) "Price and Brand Name as Indicators of Quality Dimensions for Consumer Durables", *Journal of the Academy of Marketing Science*, Vol.28, No.3, pp.359-374.

Caves, Richard E. (2007) *Multinational Enterprise and Economic Analysis,* 3rd edition, Cambridge University Press.

Chauvin, Keith W. and Hirschey, Mark (1993) "Advertising, R&D Expenditures and the Market Value of the Firm", *Financial Management*, Vol.22, pp.128-140.

Chau, Michael, Zeng, Daniel, Chen, Hsinchun, Huang, Michael and Hendriawan,

David (2003) "Design and Evaluation of a Multi-Agent Collaborative Web Mining System", *Decision Support Systems*, Vol.35, pp.167-183.

Cian, Luca (2011) "How to Measure Brand Image: a Reasoned Review", *The Marketing Review*, Vol.11, No.2, pp.165-187.

Deutsch, Morton and Gerard, Harold B. (1955) "A Study of Normative and Informational Social Influences upon Individual Judgment", *Journal of Abnormal and Social Psychology*, Vol.51, pp.624-636.

Dickson, Peter and Sawyer, Alan (1990) "The Price Knowledge and Search of Supermarket Shoppers", *Journal of Marketing*, Vol.54, No.3, pp.42-53.

Dodds, William B., Monroe, Kent B. and Grewal, Dhruv (1991) "Effects of Price, Brand, and Store Information on Buyers' Product Evaluations", *Journal of Marketing Research*, Vol.28, No.3 (August), pp.307-319.

Douglas, Susan P. and Craig, Samuel (2011) "Convergence and Divergence: Developing a Semiglobal Marketing Strategy", *Journal of International Marketing*, Vol.19, No.1, pp.82-101.

Douglas, Susan P. and Wind, Yoram (1987) "The Myth of Globalization", *Columbia Journal of World Business*, Winter, pp.19-29.

Dunning, John H. (1977) "Trade, Location of Economic Activity and the Multinational Enterprise: A Search for an Eclectic Approach", in Ohlin, Bertil, Hesselborn, Per-Ove Hesselborn and Wijkman, Per Magnus (eds.), *International Allocation of Economic Activity*, Holmes and Meier, pp.395-418.

Dunning, John H. (1979) "Explaining Changing Patterns of International Production: In Defence of the Eclectic Theory", *Oxford Bulletin of Economic and Statistics*, Vol.41, No.4, pp.269-295.

Escalas, Jennifer Edson and Bettman, James R. (2005) "Self-Construal, Reference Groups, and Brand Meaning", *Journal of Consumer Research*, Vol.32, No.3, pp.378-389.

Elinder, Elik (1961) "How International Can Europian Advertising Be?", *The International Advertiser*, December, pp.12-16.

Elinder, Elik (1965) "How International Can Europian Advertising Be?", *Journal of Marketing*, Vol.29, No.2, pp.7-11.

Fennell, Geraldine (1978) "Consumers' Perceptions of the Product Use Situation", *Journal of Marketing*, Vol.42, No.2, pp.38-47.

Furukawa, Hiroyasu (2013) "Effect of Advertising and R&D Expenditures on

Global Brand Value", *Meiji Business Review*, The Institute of Business Management Meiji University, Vol.60, No.4, pp.263-275.
Gabor, Andre and Granger, Clive W. J. (1961) "On the Price Consciousness of Consumers," *Journal of the Royal Statistical Society (Applied Statistics)*, Vol.10, No.3, pp.170-188.
Gardner, Burleigh B. and Levy, Sidney J. (1955) "The Product and the Brand", *Harvard Business Review*, Vol.33 (March-April), pp.33-39.
Ghemawat, Pankaj (2007) *Redefining Global Strategy: Crossing Borders in a World Where Differences Still Matter*, Harvard Business School Publishing Co.
Ghemawat, Pankaj (2010) "Finding Your Strategy in the New Landscape", *Harvard Business Review*, Vol.88, No.3, pp.54-60.
Gobé, Marc (2001) *Emotional Branding: The New Paradigm of Connecting Brands to People*. 福山健一監訳 (2002) 『エモーショナルブランディング ―こころに響くブランド戦略―』株式会社宣伝会議.
Hall, Edward T. (1983) *The Dance of Life: The Other Dimension of Time*, Anchor Press, New York. 宇波彰訳 (1983) 『文化としての時間』TBSブリタニカ.
Hirschman, Elizabeth C. (1980) "Innovativeness, Novelty Seeking, and Consumer Creativity", *Journal of Consumer Research*, Vol.7, No.3, pp.283-295.
Ho, Yew Kee, Keh, Hean Tat and Ong, Jin Mei (2005) "The Effects of R&D and Advertising on Firm Value: An Examination of Manufacturing and Nonmanufacturing Firms", *IEEE Transactions on Engineering Management*, Vol.52, No.1, pp.3-14.
Hofstede, Geert (1980a) "Motivation, Leadership and Organization: Do American Theories Apply Abroad?", *Organizational Dynamics*, Vol.9, No.1, pp.42-63.
Hofstede, Geert (1980b) *Culture's Consequences*, Sage Publications. 萬成博・安藤文四郎訳 (1984) 『経営文化の国際比較 ―多国籍企業の中の国民性―』産業能率大学出版部.
Hofstede, Geert (1983) "The Cultural Relativity of Organizational Practices and Theories", *Journal of International Business Studies*, Vol.14, No.2, pp.75-89.
Hofstede, Geert (1991) *Cultures and Organizations: Software of the Mind*, McGraw-Hill International. 岩井紀子・岩井八郎訳 (1995) 『多文化世界 ―違いを学び共存への道を探る―』有斐閣.
Hofstede, Geert (2006) "What Did GLOBE Really Measure? Researchers' Mind versus Respondents' Minds", *Journal of International Business Studies*, Vol.37, No.6, pp.882-896.

Hofstede, Geert and Bond, Michael H.（1988）"The Confucius Connection: From Cultural Roots to Economic Growth", *Organizational Dynamics*, Vol.16, No.4, pp.5-21.

Hofstede, Geert, Neuijen, Bram, Ohayv, Denise Daval and Sanders, Geert（1990）"Measuring Organizational Cultures: A Qualitative and Quantitative Study across Twenty Cases", *Administrative Science Quarterly*, Vol.35, No.2, pp.286-316.

Hofstede, Geert and Minkov, Michael（2010）"Long- versus Short-term Orientation: New Perspectives", *Asia Pacific Business Review*, Vol.16, No.4, pp.493-504.

Hofstede, Geert, Hofstede, Gert Jan and Minkov, Michael（2010）*Cultures and Organizations：Software of the Mind*, 3rd edition, McGraw-Hill. 岩井八郎・岩井紀子訳（2013）『多文化世界 ―違いを学び未来への道を探る 原書第3版―』有斐閣.

Holbrook, Morris B. and Hirschman, Elizabeth C.（1982）"The Experiential Aspects of Consumption: Consumer Fantasies, Feelings, and Fun", *Journal of Consumer Research*, Vol.9, No.2, pp.132-140.

Holbrook, Morris B.（1996）"Customer Value：A Framework for Analysis and Research", *Advances in Consumer Research*, Vol.23, pp.138-142.

Holbrook, Morris B.（2006）"Consumption Experience, Customer Value, and Subjective Personal Introspection: An Illustrative Photographic Essay", *Journal of Business Research*, Vol.59, pp.714-725.

Holt, Douglas B., Quelch, John A. and Taylor, Earl L.（2004）"How Global Brands Compete", *Harvard Business Review*, September, pp.68-75.

House, Robert J., Hanges, Paul J., Javidan, Mansour, Dorfman, Peter W. and Gupta, Vipin（2004）*Culture, Leadership, and Organizations: The GLOBE Study of 62 Societies*, Sage Publications.

Howard, John A.（1977）*Consumer Behavior: Application of Theory,* McGraw-Hill Books.

Hsieh, Ming H.（2002）"Identifying Brand Image Dimensionality and Measuring the Degree of Brand Globalization: A Cross-National Study", *Journal of International Marketing*, Vol.10, No.2, pp.46-67.

Keller, Kevin Lane（1993）"Conceptualizing, Measuring, and Managing Customer-Based Brand Equity", *Journal of Marketing,* Vol.57, No.1, pp.1-22.

Keller, Kevin Lane（1998）*Strategic Brand Management Pearson*. 恩蔵直人・亀井昭宏訳（2000）『戦略的ブランド・マネジメント』東急エージェンシー。

Keller, Kevin Lane (2007) *Strategic Brand Management*, 3rd edition, Prentice Hall.

Kelman, Herbert C. (1961) "Process of Opinion Change", *Public Opinion Quarterly*, Vol.25, pp.57-78.

Kim, Chung Koo and Chung, Jay Young (1997) "Brand Popularity, Country Image and Market Share: An Empirical Study", *Journal of International Business Studies*, Vol. 28, No. 2, pp. 361-386.

Kotler, Philip (1965) "Behavioral Models for Analyzing Buyers", *Journal of Marketing*, Vol.29, No.4, pp.37-45.

Kotler, Philip (1986) "Global Standardization：Courting Danger", *The Journal of Consumer Marketing*, Vol.3, No.2, pp.13-15.

Kotler, Philip, Kartajaya, H. and Huan Hooi D. (2007) *Think ASEAN ! Rethinking Marketing toward ASEAN Community 2015*, McGraw-Hill. 洞口治夫訳（2007）『ASEANマーケティング』マグロウヒル・エデュケーション。

Leibenstein, Harvey (1950) "Bandwagon, Snob, and Veblen Effects in the Theory of Consumers' Demand", *Quarterly Journal of Economics*, Vol.64, No.2, pp.183-207.

Levitt, Theodore (1983) "The Globalization of Markets", *Harvard Business Review*, May-June, pp.93-102.

Levy, Sidney J. (1959) "Symbols for Sale", *Harvard Business Review*, Vol.37, No.4, pp.117-124.

Lin, Chien-Hsin, Sher, Peter J. and Shih, Hsin-Yu, (2005) "Past Progress and Future Directions in Conceptualizing Customer Perceived Value", *International Journal of Service Industry Management*, Vol.16, No.4, pp.318-336.

Lindstrom, Martin (2008) *Buy-ology: Truth and Lies about Why We Buy Crown Business*. 千葉敏生訳（2008）『買い物する脳 ―驚くべきニューロマーケティングの世界―』早川書房。

Liu, Bing and Chang, Kevin Chen-Chuan (2004) "Editorial: Special Issue on Web Content Mining", *ACM SIGKDD Explorations Newsletter*, Vol.6, No.2, pp.1-4.

Lynn, Michael, Zinkhan, George M. and Harris, Judy (1993) "Consumer Tipping: A Cross-Country Study", *Journal of Consumer Research*, Vol.20（December）, pp.478-488.

Mathwick, Charla, Malhotra, Naresh and Rigdon, Edward (2001) "Experiential Value: Conceptualization, Measurement and Application in the Catalog and Internet Shopping Environment", *Journal of Retailing*, Vol.77, pp.39-56.

McAlister, Leigh (1982) "A Dynamic Attribute Satiation Model of Variety-Seeking

Behavior", *Journal of Consumer Research*, Vol.9, No.2, pp.141-150.

McAlister, Leigh and Passemier, Edgar (1982) "Variety Seeking Behavior: An Interdisciplinary Review", *Journal of Consumer Research*, Vol.9, No.3, pp.311-322.

McCracken, Grant (1989) "Who Is the Celebrity Endorser? Cultural Foundations of the Endorsement Process", *Journal of Consumer Research*, Vol.11, pp.898-913.

Midgley, David F. (1983) "Patterns of Interpersonal Information Seeking for the Purchase of a Symbolic Product", *Journal of Marketing Research*, Vol.20 (February), pp.74-83.

Minkov, Michael and Hofstede, Geert (2011) "The Evolution of Hofstede's Doctrine", *Cross-Cultural Management: An International Journal*, Vol.18, No.1, pp.10-20.

Mooij, Marieke K. de (1998) *Global Marketing and Advertising : Understanding Cultural Paradoxes*, Sage Publications.

Mooiji, Marieke K. de (2004) *Consumer Behavior and Culture : Consequences for Global Marketing and Advertising*, Sage Publications.

Mizik, Natalie and Jacobson, Robert (2003) "Trading Off between Value Creation and Value Appropriation: The Financial Implications of Shifts in Strategic Emphasis", *Journal of Marketing*, Vol.67, No.1, pp.63-76.

Money, Bruce R., Gilly, Mary C. and Graham, John L. (1998) "Explorations of National Culture and Word-of-Mouth Referral Behavior in the Purchase of Industrial Services in the United States and Japan", *Journal of Marketing*, Vol. 62, No. 4, pp.76-87.

Park, Whan C. and Lessig, Parker V. (1977) "Students and Housewives: Differences in Susceptibility to Reference Group Influence", *Journal of Consumer Research*, Vol.4, No.2, pp.102-110.

Park, Whan C., Jaworski, Bernard J. and MacInnis, Deborah J. (1986) "Strategic Brand Concept-Image Management", *Journal of Marketing*, Vol. 50, No. 4, pp.135-145.

Perea-Ortege, José M., Martin-Valdivia, Teresa M., Ureña-López, Alfonso L. and Martínez-Cámara, Eugenio (2013) "Improving Polarity Classification of Bilingual Parallel Corpora Combining Machine Learning and Semantic Orientation Approaches", *Journal of the American Society for Information Science and Technology*, Doi: 10.1002/asi.22884.

Peter, Paul J. and Tarpey, Lawrence X. Sr. (1975) "A Comparative Analysis of Three Consumer Decision Strategies", *Journal of Consumer Research*, Vol.2, No.1, pp.29-37.

Peterson, Robert A. and Jeong, Jaeseok (2010) "Exploring the Impact of Advertising and R&D Expenditures on Corporate Brand Value and Firm-Level Financial Performance", *Journal of the Academy of Marketing Science*, Vol.38, No.6, pp.677-690.

Pine, Joseph B. and Gilmore, James H. (1999) *The Experience Economy : Work is Theater & Every Business a Stage. Harvard Business School.* 岡本慶一・小高尚子訳（2005）『[新訳] 経験経済 ―脱コモディティ化のマーケティング戦略』ダイヤモンド社。

Pura, Minna (2005) "Linking Perceived Value and Loyalty in Location-Based Mobile Services", *Managing Service Quality*, Vol.15, No.6, pp.509-538.

Rabolt, Nancy J. and Park, Hye-Jung (2009) "Cultural Value, Consumption Value, and Global Brand Image: A Cross-National Study", *Psychology & Marketing*, Vol.26, No.8, pp.714-735.

Rogers, Everett M. (1976) "New Product Adoption and Diffusion", *Journal of Consumer Research*, Vol.2, No.4, pp.290-301.

Roth, Martin S. (1992) "Depth Versus Breadth Strategies for Global Brand Image Management", *Journal of Advertising*, Vol.21 (June), pp.23-36.

Roth, Martin S. (1995a) "The Effects of Culture and Socioeconomics on the Performance of Global Brand Image Strategies", *Journal of Marketing Research*, Vol. 32, No. 2, pp.163-175.

Roth, Martin S. (1995b) "Effects of Global Market Conditions on Brand Image Customization and Brand Performance", *Journal of Advertising*, Vol.24 (Winter), pp.55-75.

Runker, Thomas A. and Bezdek, James C. (2003) "Web Mining with Relational Clustering", *International Journal of Approximate Reasoning*, Vol.32, pp.217-236.

Ryans, Adrian B. (1988) "Strategic Market Entry Factors and Market Share Achievement in Japan", *Journal of International Business Studies*, Vol.19 (Fall), pp.389-409.

Schmitt, Bernd H. (1999) *Experiential Marketing: How to Get Customer to Sense, Feel, Think, Act, and Relate to Your Company and Brands. Free Press.* 嶋村和恵・広瀬盛一訳（2000）『経験価値マーケティング ―消費者が「何か」

を感じるプラスαの魅力』ダイヤモンド社。

Schmitt, Bernd H.（2003）*Customer Experience Management: A Revolutionary Approach to Connecting with Your Customers*. Wiley. 嶋村和恵・広瀬盛一訳（2004）『経験価値マネジメント ―マーケティングは，製品からエクスペリエンスへ』ダイヤモンド社。

Schwartz, Shalom H. and Bardi, Anat（1997）"Influences of Adaptation to Communist Rule on Value Priorities in Eastern Europe", *Political Psychology*, Vol.18, No.2, pp.385-410.

Schwartz, Shalom H.（1999）"A Theory of Cultural Values and Some Implications for Work", *Applied Psychology: An International Review*, Vol.48, No.1, pp.23-47.

Sheth, Jagdish N., Newman, Bruce I. and Gross, Barbara L.（1991a）*Consumption Values and Market Choices: Theory and Applications*, South-Western Publishing Co.

Sheth, Jagdish N., Newman, Bruce I. and Gross, Barbara L.（1991b）"Why We Buy What We Buy: A Theory of Consumption Values", *Journal of Business Research*, Vol.22, pp.159-170.

Shocker, Allan D. and Srinivasan, V.（1979）"Multiattribute Approaches for Product Concept Evaluation and Generation: A Critical Review", *Journal of Marketing Research*, Vol.16（May），pp.159-180.

Smith, Daniel C. and Park, Whan C.（1992）"The Effect of Brand Extensions on Market Share and Advertising Efficiency", *Journal of Marketing Research*, Vol.29（August），pp.296-313.

Smith, Peter B. and Dugan, Shaun（1996）"National Culture and the Values of Organizational Employees", *Journal of Cross-Cultural Psychology*, Vol.27, Issue 2, pp.231-259.

Smith, Peter B. and Bond, Michael H.（1998）*Social Psychology across Cultures*, 2nd ed., Prentice Hall. 笹尾敏明・磯崎三喜年訳（2003）『グローバル化時代の社会心理学』北大路書房。

Steinberger, Ralf（2012）"A Survey of Methods to Ease the Development of Highly Multilingual Text Mining Applications", *Language Resources and Evaluation*, Vol.46, pp.155-176.

Sweeney, Jillian C., Soutar, Geoffrey N. and Johnson, Lester W.（1999）"The Role of Perceived Risk in the Quality-Value Relationship: A Study in a Retail Environment", *Journal of Retailing*, Vol.75, No.1, pp.77-105.

Sweeney, Jillian C. and Soutar, Geoffrey N. (2001) "Consumer Perceived Value: The Development of a Multiple Item Scale", *Journal of Retailing*, Vol.77, pp.203-220.

Szymanski, David M., Bharadwaj, Sunder G. and Varadarajan, Rajan P. (1993) "Standardization Versus Adaptation of International Marketing Strategy: An Empirical Investigation", *Journal of Marketing*, Vol.57 (October), pp.1-17.

Takeuchi, Hirotaka and Porter, Michael E. (1986) "Three Roles of International Marketing in Global Strategy", in Porter, Michael E. (ed.) *Competition in Global Industries*, Harvard Business School Press, Chapter 4. 土岐坤・中辻萬治・小野寺武夫訳 (1989)『グローバル企業の競争戦略』ダイヤモンド社, 第3章。

Trompenaars, Fons and Hampden-Turner, Charles (1997) *Riding the Waves of Culture*, 2nd edition, Nicholas Brealey Publishing Ltd. 須貝栄訳 (2001)『異文化の波 ―グローバル社会:多様性の理解―』白桃書房。

Underhill, Paco (2000) *Why We Buy: The Science of Shopping*. Simon and Schuster. 鈴木主税訳 (2001)『なぜこの店で買ってしまうのか ―ショッピングの科学―』早川書房。

Wind, Yoram (1973) "A New Procedure for Concept Evaluation", *Journal of Marketing*, Vol.37 (October), pp.2-11.

Woods, Walter A. (1960) "Psycological Dimensions of Consumer Decision", *Journal of Marketing*, Vol.24 (January), pp.15-19.

Zeithaml, Valarie A. (1982) "Consumer Response to In-Store Price Information Environments", *Journal of Consumer Research*, Vol.8, No.4, pp.357-369.

Zeithaml, Valarie A. (1988) "Consumer Perceptions of Price, Quality, and Value: A Means-End Model and Synthesis of Evidence", *Journal of Marketing*, Vol.52, No.3, pp.2-22.

Zhang, Yi, Tsai, Flora S. and Kwee, Trisnajaya (2011) "Multilingual Sentence Categorization and Novelty Mining", *Information Processing and Management*, Vol.47, pp.667-675.

青木貞茂 (1997)「博報堂の新しいブランド・コンセプト管理・開発法"NEOHARVEST"」, 青木幸弘・小川孔輔・亀井昭宏・田中洋 (編)『最新ブランド・マネジメント体系』日経広告研究所, 340-353頁。

伊藤いずみ・曽和治好 (2010)「ブログからみる日本庭園の評価」『ランドスケープ研究』日本造園学会, 第73巻, 第5号, 377-380頁。

上田隆穂 (1999)「品質バロメーターとしての価格」『学習院大学経済論集』学習院

大学，第36巻，第1号，27-42頁。

内田成（2008）「消費者行動：その歴史と展望」『埼玉学園大学紀要―経営学部篇』埼玉学園大学，第8号，31-43頁。

海野裕也・那須川哲哉（2010）「言語横断テキストマイニング」『The 24th Annual Conference of the Japanese Society for Artificial Intelligence』人工知能学会（3A4-1），1-4頁。

梅本春夫（1995）「消費者のブランド意識と商品属性 ―同一ブランドの所有数の許容限界―」『消費者行動研究』日本消費者行動研究学会，第2巻，第2号，37-48頁。

大石芳裕（1993）「国際マーケティング標準化論争の教訓」『佐賀大学経済論集』佐賀大学，第26巻，第1号，1-34頁。

大石芳裕（1996）「国際マーケティングの複合化」『日本商業学会年報』日本商業学会，223-238頁。

小川孔輔（2005）「バラエティシーキング行動モデル ―既存文献の概括とモデルの将来展望―」『商學研究』関西学院大学，第52巻，第4号，35-52頁。

楠村幸貴（2007）「Web内容マイニング」『人工知能学会誌』人工知能学会，第22巻，第2号，286-289頁。

栗木契（2002）「ブランド力とは何か ―ブランド・マネジメントのデザインのために―」『季刊マーケティングジャーナル』日本マーケティング協会，Vol.21, No.4，12-27頁。

黒岩祥太（2005）「ブランドイメージと消費者接点の関連についてのテキストマイニング」『マーケティングジャーナル』日本マーケティング協会，第25巻，第1号，38-50頁。

越川靖子（2010）「ブランド・コンセプトと音の関係性についての一考察 ―言語学の視座からみたブランド―」『商学研究論集』明治大学大学院，第32号，55-70頁。

柴田典子（1999）「消費者行動におけるブランドの役割 ―ブランドを通した自己呈示を中心として―」『消費者行動研究』日本消費者行動研究学会，第6巻，第2号，65-88頁。

柴田典子（2003）「ブランドを通した自己呈示の類型とパーソナリティ」『横浜市立大学紀要社会科学系列』横浜市立大学，第6号，41-79頁。

柴田典子（2004）「消費者行動における自己表現と自己概念」『季刊マーケティングジャーナル』日本マーケティング協会，Vol.23, No.4，99-115頁。

柴田典子（2007）「ブランドによる自己表現の2側面」『横浜市立大学論叢社会科学系列』横浜市立大学学術研究会，Vol.58, Nos.1-3合併号，185-222頁。

庄司真人 (2009)「顧客ロイヤルティと推奨の関係」『日本経営診断学会論集』日本経営診断学会, 第9巻, 103-108頁。

白井美由里 (2006)「価格プレミアムの知覚とブランド・パーソナリティ」『横浜経営研究』横浜国立大学, 第26巻, 第3・4号, 15-30頁。

新宅純二郎 (2009)「新興国市場開拓に向けた日本企業の課題と戦略」『JBIC国際調査室報』日本政策金融公庫国際協力銀行国際経営企画部, Vol.2, 53-66頁。

杉本徹雄 (1993)「ブランド志向の態度構造」『広告科学』日本広告学会, 第27集, 101-105頁。

豊田裕貴 (2004)「ブランド連想構造の変化の把握とブランドマネジメントへの応用（上）—携帯四社の二時点自由連想調査」『日経広告研究所報』日経広告研究所, 第218号, 2-7頁。

豊田裕貴 (2005)「自由連想調査によるブランド評価—類似化・差別化ポイントの測定—」『マーケティングジャーナル』日本マーケティング協会, 第25巻, 第1号, 51-64頁。

長沢伸也 (2002)「LVMH モエヘネシー・ルイ ヴィトンのブランド・マネジメント」『立命館経営学』立命館大学経営学会, Vol.40, No.5（通号 235）, 1-25頁。

樋口耕一 (2004)「テキスト型データの計量的分析：2つのアプローチの峻別と統合」『理論と方法』数理社会学会, 第19巻, 第1号, 101-115頁。

日戸浩之・塩崎潤一 (2001)『続・変わりゆく日本人 —生活者一万人にみる日本人の価値観・消費行動』野村総合研究所広報部。

藤田麻衣 (2005)「ベトナムの二輪車産業 —中国車の氾濫, 政策の混乱を経て新たな発展段階へ—」, 佐藤百合・大原盛樹（編）『アジアの二輪車産業 —各国二輪車産業の概要』日本貿易振興機構アジア経済研究所, 113-129頁。

古川裕康 (2010)「GBI研究の萌芽—Rothの研究を中心に—」『経営学研究論集』明治大学大学院, 第33号, 35-49頁。

古川裕康 (2011a)「消費価値概念に基づくブランド・イメージ戦略類型」『経営学研究論集』明治大学大学院, 第34号, 41-57頁。

古川裕康 (2011b)「経済発展度とブランド・イメージ戦略」『経営学研究論集』明治大学大学院, 第35号, 131-147頁。

古川裕康 (2012)「各文化におけるGBI戦略 —Hofstedeの文化次元を用いた理論的考察—」『経営学研究論集』明治大学大学院, 第36号, 57-72頁。

古川裕康 (2013)「企業の無形資産投資とグローバル・ブランド価値獲得の関係分析 —2000〜2010年の日米時系列データから—」『多国籍企業研究』多国籍企業学会, 第6号, 1-18頁。

古川裕康 (2014)「Web内容マイニングを用いたグローバル・ブランド・イメージ

戦略の測定」『経営学研究論集』明治大学大学院，第41号，135-152頁。
古川裕康（2015）「文化とGBI戦略　―グローバル・マーケティングへの指針―」明治大学大学院経営学研究科，博士論文。
諸上茂登（2012）『国際マーケティング論の系譜と新展開』同文舘出版。
和田充夫・恩蔵直人・三浦俊彦（1996）『マーケティング戦略』有斐閣アルマ。
和田充夫（1997）「顧客インターフェイスとしてのブランド」，青木幸弘・小川孔輔・亀井昭宏・田中洋（編）『最新ブランド・マネジメント体系』日経広告研究所，58-72頁。
和田充夫（2002）『ブランド価値共創』同文舘出版。

参考資料

3M Web Site, http://investors.3m.com/（2016/03/12 accessed）.
American Express Web Site, https://www.americanexpress.com/（2016/03/12 accessed）.
Arndt, Michael and Einhorn, Bruce（2010）"The 50 Most Innovative Companies", *Business Week*, Bloomberg, April 25th, pp.34-40.
Brand Finance, "Global 500 -the Annual Report on the World's Most Valuable Brands-", http://www.brandfinance.com/（2016/03/12 accessed）.
Canon Web Site, http://canon.jp/（2016/03/12 accessed）.
Coca-Cola Company Web Site, http://www.coca-colacompany.com/investors/（2016/03/12 accessed）.
Costco Web Site, http://www.costco.com/（2016/03/12 accessed）.
Danone Web Site, http://www.danone.com/（2016/03/12 accessed）.
Deloitte, Global Powers of Retailing 2016, http://www2.deloitte.com/global/en/pages/consumer-business/articles/global-powers-of-retailing.html（2016/03/12 accessed）.
Interbrand Inc., "Japan's Best Global Brands 2011", http://www.interbrand.com/jp（2016/03/12 accessed）.
Interbrand Inc., "Best Global Brands", http://www.interbrand.com/en/（2016/03/12 accessed）.
IMF, "World Economic Outlook", April, 2011, http://www.imf.org/（2014/09/06

accessed）.
Marriott International Web Site, http://investor.shareholder.com/MAR/（2016/03/12 accessed）.
Millward Brown, "BrandZ Top 100", http://www.millwardbrown.com/（2016/03/12 accessed）.
The Wall Street Journal（2014）"Share a Coke Credited With a Pop in Sales", http://www.wsj.com/articles/share-a-coke-credited-with-a-pop-in-sales-1411661519（2016/03/12 accessed）.
World Values Survey, http://www.worldvaluessurvey.org/（2014/09/06 accessed）.
上條憲二（2010）「What is a "Global Brand" 真のグローバル・ブランドを目指して ―インターブランドグローバルネットワーク調査から―」『Interbrand Japan's Best Global Brands 2010』Interbrand Inc., 5頁, http://www.interbrand.com/Libraries/Branding_Studies_JA/日本のグローバル・ブランドTOP30_2010.sflb.ashx（2014/09/06 accessed）.
内閣府（2011）「年次経済財政報告（経済財政政策担当大臣報告）―日本経済の本質的な力を高める―」平成23年版, 内閣府.
日本貿易振興機構（2005）「対日投資のための業種別産業調査（小売流通）調査報告書」日本貿易振興機構（JETRO）対日投資部.
http://www.jetro.go.jp/invest/reference/reports/pdf/Retail_jp.pdf（2011/10/28 accessed）.
ムーター・ケント（2011）「コカ・コーラ 10年間で事業を2倍に成長させる」『ダイヤモンド・ハーバード・ビジネス・レビュー』12月号, 12-21頁.
森健（2007）「2010年のアジア ―2010年代のアジア消費市場の攻略―」『NRI Management Review』野村総合研究所, Vol.16, 12-15頁, http://www.nri.co.jp/opinion/m_review/vol16.html（2014/09/06 accessed）.
『日本経済新聞』2002年4月1日付け朝刊, 11頁, 「ベトナム二輪市場, ホンダ巻き返し ―中国製追撃へ半値車増産―」.
『読売新聞』2011年1月11日付け朝刊, 9頁, 「日本車割高, 中国で苦戦, 少ない車種も影響」.

〈著者紹介〉

古川　裕康（ふるかわ　ひろやす）

日本大学経済学部専任講師。
2010年，明治大学経営学部卒。
2012年，明治大学大学院経営学研究科で修士号（経営学）取得。
2015年，同大学院博士課程修了。博士号（経営学）取得。
その後，淑徳大学経営学部助教を経て，2018年4月より現職。

■ グローバル・ブランド・イメージ戦略
　― 異なる文化圏ごとにマーケティングの最適化を探る ―

■ 発行日──2016年10月6日　初　版　発　行　　〈検印省略〉
　　　　　2020年2月26日　初版3刷発行

■ 著　者──古川　裕康

■ 発行者──大矢栄一郎

■ 発行所──株式会社　白桃書房
　　　　　〒101-0021　東京都千代田区外神田 5-1-15
　　　　　☎ 03-3836-4781　📠 03-3836-9370　振替00100-4-20192
　　　　　http://www.hakutou.co.jp/

■ 印刷・製本──藤原印刷

　　　　©Hiroyasu Furukawa　2016 Printed in Japan　ISBN 978-4-561-66220-4 C3063

本書のコピー，スキャン，デジタル化等の無断複製は著作権法上での例外を除き禁じられています。本書を代行業者等の第三者に依頼してスキャンやデジタル化することは，たとえ個人や家庭内の利用であっても著作権法上認められておりません。

JCOPY 〈出版者著作権管理機構　委託出版物〉
本書の無断複写は著作権法上の例外を除き禁じられています。複写される場合は，そのつど事前に，出版者著作権管理機構（電話 03-5244-5088，FAX 03-5244-5089，e-mail：info@jcopy.or.jp）の許諾を得てください。
落丁本・乱丁本はおとりかえいたします。

好評書

大石芳裕【編著】
グローバル・マーケティング零 本体 2,500 円

大石芳裕【編著】
マーケティング零 本体 2,500 円

大石芳裕【編】グローバル・マーケティング研究会【著】
日本企業のグローバル・マーケティング 本体 2,800 円

大石芳裕・山口夕妃子【編著】
グローバル・マーケティングの新展開 本体 3,000 円
―日本流通学会設立25周年記念出版プロジェクト　第5巻

田口冬樹【著】
マーケティング・マインドとイノベーション 本体 3,000 円

田村正紀【著】
贅沢の法則 本体 2,315 円
―消費ユートピアの透視図

新津重幸【著】
日本型マーケティングの進化と未来 本体 3,200 円
―ビジネスパラダイムの変革とマーケティングの戦略的変革

朴　正洙【著】
セレブリティ・コミュニケーション戦略 本体 3,000 円
―効果とリスクの実証研究

―――――――― 東京　**白桃書房**　神田 ――――――――

本広告の価格は本体価格です。別途消費税が加算されます。